W0038777

BASTEI
LÜBBE
TASCHENBUCH

Über die Autoren:

Nicki und der Unternehmer Alexander lernen sich 2008 kennen. Sie verlieben sich unsterblich ineinander und führen zunächst ein Glamour-Leben in der Düsseldorfer High Society. Doch der erfolgreiche Geschäftsmann Alexander fühlt sich in seinem Körper nicht wohl und lässt sich zum Teil zur Frau umoperieren. Wie diese Veränderung ihre Beziehung stärkt, beschreiben sie in diesem Buch.

ALICIA & NICKI KING

mit Andreas Hock

Eine wirklich wahre Liebe

Wir sind glücklich, weil jeder
so sein kann, wie er ist

BASTEI
LÜBBE
TASCHENBUCH

BASTEI LÜBBE TASCHENBUCH
Band 60906

Dieser Titel ist auch als Hörbuch und E-Book erschienen.

Originalausgabe

Copyright © 2016 by Bastei Lübbe AG, Köln
Fotos: © Alicia und Nicki King
Umschlaggestaltung: Jeannine Schmelzer
unter Verwendung eines Motivs von © Michael Lübke
Satz: hanseatenSatz-bremen, Bremen
Gesetzt aus der Adobe Caslon Pro
Druck und Verarbeitung: GGP Media GmbH, Pößneck
Printed in Germany
ISBN 978-3-404-60906-2

2   4   5   3   1

Sie finden uns im Internet unter
www.luebbe.de
Bitte beachten Sie auch: www.lesejury.de

Inhalt

Vorwort

Dieses Buch ist zweifelsohne: ein Buch über die Liebe. Natürlich kann man sich die Frage stellen, ob dazu nicht alles schon zigfach geschrieben wurde. Schließlich existieren über kein anderes Thema so unfassbar viele Geschichten, die alle Facetten dieses manchmal so überwältigenden, manchmal so schmerzhaften und manchmal einfach nur bescheuerten Gefühls beschreiben. Es gibt abertausende mehr oder weniger romantische Erzählungen über Menschen, die nach jahrelangen Irrwegen endlich zueinander finden. Es gibt zahllose epische Dramen voller unerfüllter Sehnsüchte und enttäuschter Träume. Es gibt Schilderungen fürchterlicher Schicksale, in denen die Liebe dem Tod weichen muss oder dem Hass. Es gibt zeitlose Weltliteratur von Schiller, Goethe, Shakespeare genauso wie einfache Groschenromane, an deren Ende das arme Waisenmädchen zur Prinzessin wird oder wenigstens den reichen Reiterhofbesitzer heiraten darf.

Und es gibt Alicia und Nicki King!

Die Geschichte ihrer Liebe hätte sich wahrscheinlich kein Schriftsteller dieser Welt ausdenken können – keine Jane Austen, kein Boris Pasternak und auch kein Heinz Konsalik. Es ist eine Geschichte, die so unglaublich, so einzigartig und so verrückt erscheint, dass sie nur das Leben selbst schreiben kann. Keine Frage: Das, was diese beiden miteinander erlebt haben und natürlich weiterhin gemeinsam erleben, musste einfach aufgeschrieben werden. Nicht bloß, weil wohl nur wirklich wahre Liebe dazu imstande ist, alle noch so unüberwindbar scheinenden Grenzen zu besiegen. Sondern auch, weil es sonst womöglich keiner glaubt!

Andreas Hock, im März 2016

Meine erste Lektion: Auf dem Schiff bestimmt der Käpt'n *(Nicki)*

Wie in einem Düsseldorfer Lokal alles anfing

Endlich hatte ich Feierabend. Mein Arbeitstag war wieder ziemlich anstrengend, und ich wollte schon längst in meiner Wohnung sein. Jetzt aber, am späten Nachmittag, fand ich das Wetter zum Nachhausegehen dann doch zu gut. Es war nicht so heiß, wie es hier in Düsseldorf manchmal sein konnte, wenn die Luft über dem Rhein stand und kein Wind von Westen her für Abkühlung sorgte. Stattdessen fühlte es sich draußen einfach nur angenehm an, fast schon mediterran, passend zu den Yucca-Palmen vor den Straßencafés, die hier zu meinem großen Erstaunen – anders als bei mir daheim im Saarland – wegen des milden Klimas prima wachsen konnten. Seit zwei Jahren lebte ich nun schon hier, aber Heimweh nach meiner Familie hatte ich trotzdem sehr häufig. Mein Leben in der vermeintlichen Mode- und Glamour-Metropole bestand fast nur aus Arbeit, weshalb ich auch kaum andere Leute kennenlernte. Ich war kurz davor, wieder in die beschauliche Provinz zurückzugehen, denn im Grunde hielt mich in dieser Stadt nichts.

Zu diesem Zeitpunkt arbeitete ich in der Immobiliensparte eines großen Handelskonzerns als Asset Managerin, wie es neudeutsch hieß. Das bedeutete, dass ich persönlich für den Werterhalt und die Wertsteigerung zahlreicher Objekte zuständig war, die dem Konzern überall in Deutschland gehörten. Dadurch war ich oft kreuz und quer in der ganzen Bundesrepublik unterwegs, um neue Flächen zu besichtigen, Termine mit Mietern wahrzunehmen und Behördengänge zu absolvieren. Eigentlich war der Job sehr interessant und füllte mich aus, was leider aber auch genauso für meinen Terminkalender galt. Außerdem musste ich für meine Kunden permanent erreichbar sein. Und so klingelte an etlichen Tagen mein Handy von früh bis spät und manchmal auch noch mitten in der Nacht.

Ich hätte nun zur Ablenkung ein bisschen bummeln gehen können, vielleicht mal wieder die berühmte »Kö« entlang und schauen, was es in den Boutiquen dort Neues gab, bei Eickhoff oder Prange zum Beispiel, wo man sich dem Geldbeutel zuliebe nur ganz selten etwas leisten sollte, wenn überhaupt. Oder mich ins »Bazzar« setzen, einem schicken Hotspot in der City, um den vielen Chefarztgattinnen und Rechtsanwaltsfrauen dabei zuzusehen, wie sie sich vom Power-Shoppen mit den Kreditkarten ihrer Männer oder ihrer Geliebten oder von beiden erholten. Aber ich entschied mich dafür, ausnahmsweise im »Poccino« vorbeizuschauen, einer Düsseldorfer Institution in den Schadow Arcaden, wo man auf einer riesigen Terrasse hervorragend italienisch essen konnte – oder sich einfach nur an einen Stehtisch stellen, um einen Espresso zu trinken, dessen Zubereitung man hier wirklich sehr ernst nahm. Und genau darauf hatte ich jetzt Lust: auf einen kleinen, starken, schwarzen Kaffee. Vielleicht würde mir der wieder ein wenig Energie verschaffen nach dem ganzen Stress bisher in dieser Woche.

Ich setzte mich also auf einen Barhocker, nippte am Espresso und schaute gedankenverloren ins Leere. Der Laden war leer, was hier zwar selten vorkam, um diese Zeit jedoch wiederum kein Wunder war, denn die meisten Gäste kamen entweder in der Mittagspause oder nach Feierabend und nicht mitten am Nachmittag. Die Ruhe um mich herum war mir allerdings ganz recht. Dadurch war ich wenigstens ungestört. Ich hatte gerade auch so genug um die Ohren. Wenn ich jetzt gerade etwas nicht brauchen konnte, dann war das irgendein Small Talk, den mir jemand jetzt aufs Auge drückte.

»Darf ich mich zu dir stellen?«

Ich hatte den Typen gar nicht kommen sehen, und insofern erschrak ich ein bisschen, denn ich rechnete in diesem Moment nun wirklich nicht damit, dass mich jemand ansprach. Ich war geschafft, hatte meine Büroklamotten an und machte ganz sicher nicht den Eindruck, als wartete ich auf jemanden. Vielleicht verwechselte er mich ja auch einfach nur.

»Darf ich mich zu dir stellen? Die anderen Tische sind mir zu voll.«

Ich schaute mich um. Ganz offensichtlich meinte er tatsächlich mich, was ich etwas frech fand. Erstens kannte ich diesen Mann gar nicht. Und zweitens waren die meisten anderen Tische nicht nur nicht »voll«. Sie waren vielmehr vollkommen frei, und er hätte sich selbstverständlich was weiß ich wohin stellen oder setzen können – es gab jedenfalls ausreichend Platz um mich herum. Das Einzige, was mich davon abhielt, dem Kerl umgehend zu erklären, dass er mich bitte schön in Ruhe lassen soll, war seine Stimme, denn die klang im Prinzip ganz nett. Ich blickte also von meinem Espresso auf und sah einen sehr großen, sehr kräftig gebauten Mann mit breiten Schultern und einer martialisch wirkenden Glatze. Und ich sah: ein Lächeln.

Es war ein nettes, charmantes, gewinnendes Lächeln. Kein aufgesetztes und überhebliches Grinsen, wie man es als junge Frau leider auch und gerade hier in Düsseldorf durchaus des Öfteren beobachten konnte, wenn die zahlreichen sich nach außen gerne sehr wohlhabend und erfolgreich gebenden Herren der Schöpfung Wochenende für Wochenende auf plumpe Eroberungstour gingen und sich Frischfleisch für die Nacht suchten. Bei solchen Gestalten wusste man nie, wie viel Schein und wie viel Sein hinter der Fassade steckte. Ich konnte mir nicht genau erklären warum, aber ich hatte den Eindruck, dass das hier anders war, und lächelte zurück. Das war offenbar das Zeichen für ihn, sich an meinem Tisch häuslich einzurichten.

»Ich bin Alex«, sagte er, während er sich setzte.

»Und ich bin Nicki«, sagte ich leicht irritiert. Ich war gespannt, was er mir zu sagen hatte.

So kamen wir das allererste Mal ins Gespräch. Wobei: Die meiste Zeit redete er, und ich kann mich gar nicht mehr im Detail daran erinnern, worüber wir alles sprachen an diesem sonnigen Spätnachmittag, der immer mehr zum Abend wurde. Aber ich weiß noch sehr genau, dass dieser vorlaute Alex ganz und gar keinen Mist redete. Im Gegenteil: Alles, was er erzählte, hatte Hand und Fuß und machte auf mich irgendwie Eindruck. Und das wollte etwas heißen: Ich hielt mich nämlich grundsätzlich für einen schüchternen, zurückhaltenden Menschen, der Unbekannten für gewöhnlich äußerst skeptisch gegenübertrat. Insofern war mir so etwas erst recht noch nie passiert: dass mich ein Fremder einfach von der Seite ansprach und ich mich trotzdem bereits nach einer halben Stunde fühlte, als würden wir uns schon länger kennen. Dieser forsche, attraktive und sehr selbstbewusste Mann war auf eine erfreuliche und zugleich geheimnisvolle Weise interessant. Ich bemerkte gar nicht, wie schnell die Zeit im »Poccino« verging. Dennoch: Nach ein paar Stunden, die wir uns über Gott und die Welt unterhielten und viel lachten, war für mich vollkommen klar, dass ich nun alleine nach Hause ging. Erstens war ich, wie gesagt, übervorsichtig, was Männer im Allgemeinen betraf. Und zweitens wusste man ja trotzdem nie, ob sich hinter der sympathischen Fassade nicht doch ein Wolf im Schafspelz verbarg.

»Wir sehen uns am Freitag«, sagte Alex zum Abschied, und er hatte mich seltsamerweise gar nicht gefragt, ob ich da überhaupt Zeit und Lust auf ein Wiedersehen hatte. Für ihn schien bereits ausgemacht zu sein, dass wir uns zwei Tage später das nächste Mal treffen würden. Ich wusste nicht, ob ich diese Entschlossenheit als Kompliment oder als Unverschämtheit deuten sollte, aber andererseits fühlte ich mich dadurch tatsächlich ein wenig geschmeichelt. Dieser Mann passte in keines meiner Raster, und er hatte recht klare Ansichten von dem, was er wollte. Das zumindest war schon mal unstrittig. Ich fand diesen Alex einigermaßen aufregend, deshalb sagte ich zu – ohne lange zu überlegen und ohne zu wissen, was mich erwarten würde.

Was mich dann am übernächsten Tag tatsächlich erwartete, sprengte meine bisherigen Vorstellungen von einem

Date. Meine neue Bekanntschaft hatte nicht vor, mich womöglich am Abend in die Deutsche Oper oder das Schauspielhaus auszuführen, um seine Weltläufigkeit unter Beweis zu stellen. Er hatte auch keinen Bock darauf, mich zu einem romantischen Dinner in einem teuren Lokal einzuladen und hinterher einen Absacker in einer der zahlreichen Szene-Bars zu trinken, um einen auf dicke Hose zu machen. Erst recht nicht wollte er ins Kino gehen wie ein verliebter Teenager, wo gerade die Musicalverfilmung »Mamma Mia« groß abräumte. Er machte also nicht das, was andere Männer für gewöhnlich anstellten, wenn sie eine unbekannte Frau für sich gewinnen wollten. Nein, Alex nahm mich mit in den Düsseldorfer Jachtclub!

Nicht nur, dass ich keinerlei Ahnung von Booten hatte. Bis dahin wusste ich nicht einmal, dass es in Düsseldorf so etwas wie einen Jachtclub gab – wozu auch? Die Stadt lag am Rhein, klar, aber bei dem Begriff »Jachtclub« hatte ich bis dato an azurblaues Wasser gedacht, an den typischen, leicht salzigen Geruch in der Luft, an eine sanfte Brise, an Sonnenuntergänge am fernen Horizont oder an schneeweiße Segelschiffe, die vor einer malerischen Mittelmeerkulisse vor Anker lagen.

Der Jachtclub Düsseldorf e.V. dagegen befand sich, wie ich an besagtem Freitag feststellte, exakt bei Stromkilometer 747 in Golzheim. Das Clubhaus sah rein äußerlich aus wie eine Fabrikantenvilla aus den frühen siebziger Jahren, mit weißem Raupputz, einem braunen Ziegeldach und einem großen Schornstein an der Seite. Nebenan gab es eine kleine Halle für Reparaturen. Im leicht brackigen Flusswasser befanden sich knapp siebzig Liegeplätze, wovon aber nur die Hälfte für halbwegs größere Boote geeignet waren. Das Hafenbecken selbst wirkte in seiner grünen, hügeligen Umgebung ein wenig, als befände sich die gesamte Anlage unmittelbar hinterm Nordseedeich, nur die Schafe fehlten. Nicht, dass wir uns falsch verstehen: Es war idyllisch dort, hatte aber mit der mondänen Ausstrahlung einer vergleichbaren Einrichtung, wie ich sie mir an der Cote d'Azur, der Costa Brava oder wenigstens des Südufers des Gardasees vorstellte, nicht das Geringste zu tun.

»Hier im Hafen liegt mein Schiff«, sagte Alex mit hörbarem Stolz, als wir das Clubhaus betraten und uns unter den mehr als kritischen Blicken der anderen, deutlich betagteren Mitglieder erst mal draußen auf die Terrasse setzten. Während ich versuchte, mir mit Sicht auf Vater Rhein vorzustellen, wo genau hier unten nun ein Hafen sein sollte, bemerkte mein Kavalier, dass uns die meist in weiße Hosen und dunkelblaue Jacketts mit Goldknöpfen gekleideten Hobbykapitäne von oben bis unten musterten – und wohl auch, dass ich mich über die Wahl seines Ausflugsziels für unser erstes Rendezvous wunderte. Seinem Gesichtsausdruck nach schien ihn beides auf jeden Fall sehr zu amüsieren. Und dann begann er zu erzählen, was es mit ihm und diesem ominösen Jachtclub hier auf sich hatte. Auch an diesem Tag war es wieder sonnig und angenehm warm, und mit ein bisschen Fantasie und einem Glas Weißwein konnte ich mir während seiner Ausführungen nach und nach den Deich und das Brackwasser wegdenken. Außerdem waren die Geschichten, die Alex zum Besten gab, wirklich witzig.

So war er zwei Jahre zuvor Mitglied im Yachtclub geworden, was offenbar gar nicht so einfach gewesen war. Man musste schon eine gewisse Reputation hierher mitbringen und wahrscheinlich auch das nötige Kleingeld, aber das sagte er nicht. Immerhin handelte es sich, so erfuhr ich, bei diesem Verein um den zweitältesten seiner Art in Deutschland, und Tradition verpflichtete anscheinend enorm, selbst wenn es nur darum ging, mit einer Nussschale ein bisschen stromauf- und abwärts herumzuschippern. Jedenfalls schien die Aufnahme des angesehenen lokalen Geschäftsmannes Alexander Klein in Düsseldorfs erlauchte Bootsführergesellschaft ein langwieriger Prozess gewesen zu sein: Bei seinem ersten Versuch war er noch mit dem Motorrad vorgefahren, was bei den Club-Oberen ebenso wenig ankam wie die schwere Lederjacke, die er dabei trug. Deshalb hatte er sich beim zweiten Anlauf für den Bentley GT entschieden, den er damals noch in der Garage stehen hatte, und dazu stilgerecht ein dunkles Sakko übergezogen. Beides zusammen machte wohl den gewünschten Eindruck, denn nach einer eingehenden Prüfung seiner Person und einem ernsten Bewerbungsgespräch mit dem Vorstand durfte er beitreten.

Beim nächsten Besuch war jedoch wieder normaler Freizeitlook angesagt, und Alex lief in seiner Lieblingshose auf, die – wie von der Firma Cavalli erdacht – mit zahlreichen Löchern versehen war. Leider kannte sich nicht jeder der Honoratioren mit italienischem Jeans-Design aus, weshalb ihn ein älterer Herr auf der Terrasse ebenso umgehend wie diskret beiseitenahm und ihm anbot, ihm ein paar Euro für ein anständiges Beinkleid zu leihen. Alex kriegte sich vor Lachen kaum ein, als er mir davon berichtete, wie steif es oftmals im Düsseldorfer Yachtclub e. V. zuging, und wenn ich mich so umsah, passte meine neue Bekanntschaft in etwa genauso gut hierher wie die MS Deutschland ins kleine Liegebecken dort unten.

Im Gegensatz zu den weitgehend spaßbefreiten greisen Herren schien sich jedoch die hiesige Damenwelt für den unkonventionellen Neuzugang begeistern zu können – und zwar deutlich mehr, als diesem lieb war: Der, wie sich herausstellte, unverheiratete Single Alex berichtete mir belustigt von den teilweise wenig subtilen Avancen, die ihm die im Schnitt zehn bis dreißig Jahre älteren Bootsbesitzergattinnen beziehungsweise Bootsbesitzerwitwen in den letzten beiden Jahren schon gemacht hatten, unzählige aufgenötigte Küsschen, versteckte Berührungen und andere Aufdringlichkeiten inklusive. Um sich diesem Seniorinnen-Stalking zu entziehen, lud er eines Tages bei jeder seiner Visiten in Golzheim das, wie er sagte, versammelte Düsseldorfer Discoschlampen-Programm ein, mit ihm auf seinem Boot ordentlich Party zu machen. Er hatte gar kein Interesse an den Mädchen, aber die knappen Bikinis seiner jeweiligen Begleiterinnen erzeugten natürlich den gewünschten moralischen Aufruhr auf der Terrasse. Nach einer gewissen Zeit hatte er dann wieder seine Ruhe vor den liebeshungrigen Ladies. Dafür bekam er erneut Ärger mit dem sittlich strengen Vorstand, obwohl die Mitglieder mit den dicksten Bierbäuchen an ihren Decks meiner Beobachtung nach anscheinend die knappsten Badehosen zu tragen schienen.

Nach ein paar weiteren unterhaltsamen Schoten und einem netten Mittagessen im Clubrestaurant folgte der feierliche Höhepunkt dieses Tages – zumindest zelebrierte Alex dies so: Wir gingen hinunter zum Steg, an dem sein Boot vertäut war, auf das er sehr stolz zu sein schien. Ich hatte keine Ahnung, was für eine Art Schiff ich zu erwarten hatte, aber ich war gespannt, denn seine ausführliche Beschreibung eben deutete auf ein echtes Schmuckstück hin. Als wir vor dem Prachtexemplar angekommen waren, stutzte ich einen Augenblick: Mit seinen Ausmaßen machte es nicht gerade den Eindruck, als ob man damit die sieben Weltmeere erobern konnte. Bevor ich etwas dazu sagen durfte, wurde ich umgehend belehrt, dass es sich bei dem Ding um eine Motorjacht vom Typ »Rio Colorado« handelte, Baujahr 1961. Ich musste gestehen, dass ich trotz meiner Unwissenheit und der eher geringen Größe von nur neun Metern dieses Schiffchens halbwegs beeindruckt war. Der Rumpf dieser »Rio« bestand aus einem edlen, dunklen Mahagoniholz, und mit seinen hellen Sportsitzen und den breiten Sonnenliegen besaß es die lässige Eleganz, die mich an die James-Bond-Filme der sechziger und siebziger Jahre erinnerte. Damit ließ sich vielleicht kein zweiwöchiger Urlaub verbringen, aber sicherlich ordentlich Spaß haben!

Auch wenn mich Boote noch nie faszinierten und ich das Wasser bislang am liebsten vom Ufer aus betrachtet habe, fand ich jedenfalls, dass das niedliche Teil hier Stil hatte und irgendwie zu seinem Besitzer passte. In diesem Moment zog mich Alex bereits an Bord und zeigte mir alles, was sein schwimmender Stolz zu bieten hatte. Und das war neben dem Oberdeck mit seinem großen Steuerrad und den vielen mir unbekannten Instrumenten, die auf mich beinahe wirkten, als stammten sie aus einem alten Rolls Royce, nur noch eine winzige Kajüte mit zwei Oberlichtern, in der sich zwei erwachsene Menschen schon sehr klein machen mussten, wenn sie dort Platz finden wollten. Wir ließen uns also auf der erstaunlich bequemen Rückbank nieder und genossen den lauen Abend mit leiser Musik, die plötzlich aus verborgenen Lautsprechern ertönte. Die Szenerie war wirklich romantisch.

Dann küsste er mich plötzlich!

Es war ein regelrechter Überfall, den er dort unten in der räumlichen Begrenztheit dieses sanft in einem Nebenarm des Rheins schaukelnden Kahns auf mich startete. Ich war perplex, aber ich wehrte mich auch nicht wirklich. Nach ein paar Sekunden war die Kussattacke bereits wieder vorbei. Jetzt musste ich mich kurz sammeln.

»Du weißt doch sicher: Auf dem Schiff bestimmt immer der Käpt'n«, sagte Alex zu mir – und sah mich dabei mit einem spitzbübischen Grinsen an.

Einen Augenblick lang überlegte ich, ob ich nun sauer auf ihn sein und einfach wortlos gehen sollte. So etwas gehörte sich nicht – und schon gar nicht, wenn man sich erst so kurze Zeit kannte. Andererseits gab er nun plötzlich wieder ganz den Gentleman und meinte, bereits bei seinem ersten Charme-Angriff im »Poccino« festgestellt zu haben, dass ich keine leichtlebige Tussi war, die sich mal eben im Vorbeigehen erobern ließ. Deshalb entschuldigte er sich für den Kuss und stellte mir für den darauffolgenden Samstag einen gemeinsamen Ausflug mit der »Rio« in Aussicht, bei der er mir als Zugezogener die Schönheit seiner Heimat von der Flussperspektive aus zeigen wollte.

Mein Ärger war verflogen: Immerhin fand ich Alex doch recht spannend – und die Idee, mit ihm den Rhein entlangzuschippern, sehr sympathisch. Darum sagte ich zu. Danach brachte er mich zurück nach Hause, wo ich meine Gedanken erst einmal sortieren musste. Ich überlegte, was da vorhin eigentlich genau passiert war. Vielleicht spielten mir meine Gefühle gerade nur einen gehörigen Streich.

Schließlich glaubte ich ganz und gar nicht an so etwas wie Liebe auf den ersten Blick – und normalerweise hätte ich ihm eine geschmiert und wäre umgehend gegangen. Dass ich nach dem Kuss geblieben war, wunderte mich folglich selbst. Nur eines wusste ich bereits zu diesem Zeitpunkt: Dieser Mann wirkte einerseits entschlossen und mutig, war jedoch andererseits ausgesprochen höflich und schien neben seiner Macho-Seele noch eine weiche Seite zu haben. Das machte mich neugierig!

Am nächsten Vormittag holte mich mein stolzer Kapitän wieder von zu Hause ab, und wir fuhren erneut in den Jachtclub. Die Blicke der anderen waren nun nicht mehr ganz so aufdringlich wie gestern, dennoch war ich froh, als wir uns endlich auf dem Boot befanden. Nach ein paar Vorbereitungen ließ Alex die starken V8-Motoren an, stellte sich ans Ruder, und wir starteten unsere Spritztour, die sich zu meinem Bedauern nicht sonderlich verträumt anhörte.

»Wir fahren zum Wendebecken nach Krefeld«, erklärte Alex feierlich, als wir den kleinen Hafen verlassen hatten und uns quasi auf offenem Gewässer befanden.

Ich musste schmunzeln, denn er sagte es so, als würden wir gleich in Kapstadt einlaufen. Tatsächlich jedoch führte unser Weg auf rund 15 verschlungenen Flusskilometern nordwärts vorbei an Stockum und dem Düsseldorfer Messegelände, dem Internationalen Flughafen und der Ilvericher Altrheinschlinge sowie des Naturschutzgebietes Spey bis nach Krefeld-Gellep, wo sich besagtes Becken befand. Nun war der Niederrhein leider nachweislich nicht die Riviera, sondern eine der meist frequentierten Wasserstraßen Europas, was die Angelegenheit für ein verhältnismäßig kleines Oldtimer-Sportboot, wie es die »Rio« von Alex nun mal war, ziemlich gefährlich machte, wie ich zu meinem Leidwesen feststellen musste.

Durch die dauernden Schleifen, durch die sich der Rhein auf seinem beschwerlichen Weg hinauf ins Ruhrgebiet winden musste, entstanden im Wasser immer wieder tückische Strömungen, die die Navigation unseres Bootes enorm erschwerten. Es gab zudem etliche Strudel, in die wir von Zeit zu Zeit hineingerieten, und durch den enormen Berufsverkehr, der stets auf dem Fluss herrschte, und die Wellen, die von den endlos langen Lastschiffen oder den kreuzenden Fähren erzeugt wurden, wurden auch wir immer wieder gehörig durchgeschüttelt auf unserer schmucken Perle, die es meiner Meinung nach vielmehr verdient hatte, dem Sonnenuntergang vor Capri entgegenzusteuern als dem alten Kalksandsteinwerk, das oberhalb des Krefelder Wendebeckens thronte. Alex jedoch genoss diese Herausforderung. Ich merkte ihm an, wie konzentriert er bei der Sache war, trotzdem sah es für mich beinahe spielerisch aus, wie er im unruhigen Wasser ein Menge Treibgut umschiffte – und sogar eine alte, halb verrottete Haustür, die uns im Falle einer Kollision wahrscheinlich den kompletten Propeller abgerissen hätte. Er machte sich offenbar auch nichts aus den Düngemittelherstellern, die kurz vor unserem Ziel die Luft mit dem sehr prägnanten Geruch ihrer Erzeugnisse aus den Exkrementen von Seevögeln bereicherten.

Nach nicht ganz einer Stunde hatten wir es tatsächlich geschafft und erreichten besagtes Wendebecken, das eher einem riesigen Weiher glich und in dem erstaunlicherweise rein gar nichts los war. Ich bemerkte keinen Frachtkahn weit und breit, der hier hätte wenden wollen. Nicht einmal ein anderes Sportboot störte die Ruhe, die auf dem gesamten Gewässer herrschte. Wenn man sich die schroffen Halden und die großen Industrieanlagen, die auf der einen Seite des Beckens lagen, wegdachte und man ein Stück weiter hineinfuhr, wo alles ringsherum grün war und eine Menge Enten und Wildgänse nisteten, dann hatte das Ganze mit viel gutem Willen sogar einen beschaulichen Charakter. Und zwar so beschaulich, dass Alex mich allen Ernstes fragte, ob ich denn mit ihm schwimmen gehen wollte. Doch erstens traute ich mich das nicht, denn man konnte den Grund des Wassers nicht sehen – und wenn ich den Grund nicht erkannte, ging ich auch nicht irgendwo hinein. Und zweitens reichte mein Vorstellungsvermögen dann doch nicht ganz so weit, als dass ich mich in einer Art Badesee wähnte. Stattdessen setzten wir lieber dort an, wo wir am Vortag im feinen Düsseldorfer Yachtclub aufgehört hatten: Wir knutschten einfach weiter!

Ab diesem denkwürdigen Moment in einem kleinen Boot, das schaukelnd in einem Wendebecken nahe der pittoresken Stadt Krefeld im Schatten von miefenden Guanofabriken vor Anker lag, waren wir zusammen. Auch wenn das keiner von uns jemals aussprach. Stattdessen wollte Alex kurz darauf prompt wissen, ob ich mit ihm wegfahren wollte.

»Hast du Bock, mit mir nach Cannes zu kommen?«, fragte er und klang dabei so, als sei es für ihn schon ausgemachte Sache, dass ich mitkommen würde.

Im ersten Moment war ich perplex, denn auch wenn wir uns gerade zum zweiten Mal geküsst hatten, kannte ich ihn ja immer noch gar nicht richtig. Und dann sollte ich gleich mit ihm in den Urlaub fahren? Ich wusste nicht recht, was ich auf sein Angebot hin erwidern sollte, hielt es aber zum jetzigen Zeitpunkt bestimmt nicht für die allerbeste Idee.

»Du, ich habe keine Ahnung, ob ich in der nächsten Zeit frei bekomme«, antwortete ich lediglich.

Allerdings musste ich zugeben, dass mich Cannes tatsächlich sehr interessierte. Ich kannte die Stadt nur aus der alljährlichen Berichterstattung über das berühmte Filmfestival oder aus Erzählungen einiger Bekannter. Nach allem, was man so hörte, schien das dort auf jeden Fall ein schöner Flecken Erde zu sein. Trotzdem war ich erst mal froh, dass Alex das Thema nach diesem so kuriosen wie turbulenten Tag wieder etwas aus den Augen verlor. Man musste ja nichts überstürzen. Wir sollten uns lieber erst mal näher kennenlernen. Und das taten wir dann auch.

In den folgenden Wochen verbrachten wir so viel Zeit zusammen, wie das aufgrund unserer Verpflichtungen nur möglich war. Ich stellte mit jedem Tag faszinierter fest, dass mir die Gegenwart von Alex richtig guttat. Die Abende, an denen wir uns trafen, waren durchweg sehr schön, und die Tage davor und danach im Büro trotz aller Anstrengung nicht mehr so schlimm. Er beschwerte sich zwar regelmäßig, wenn ich mich wieder auf eine meiner Dienstreisen durch halb Deutschland begeben musste, was ich allerdings für ein gutes Zeichen hielt. Dass dieser Mann ganz schön zeitintensiv war, hatte ich ohnehin schon festgestellt. Aber wenn ich mich mit dem Herzen für einen anderen Menschen entschied, dachte ich im Prinzip genauso. Nur hatte mein Job eben den Nachteil, dass ich mir meine Zeit natürlich nicht frei einteilen konnte, wie Alex das mit seiner Selbständigkeit handhabe und sich schon mal mit Handy und Laptop bewaffnet auf seine »Rio« setzte und von Deck aus im strahlenden Sonnenschein gut gelaunt seine Geschäfte erledigte. Ich dagegen war bisweilen öfter auf der Autobahn unterwegs als bei ihm, was mich natürlich tierisch nervte. Das Heimweh nach meiner Familie war immerhin fast vollständig meinen Gefühlen für Alex gewichen. Ich hatte, das stand nach den ersten ein, zwei Monaten für mich fest, einen Freund gefunden, mit dem ich mir vieles vorstellen konnte.

Von Beginn an war es für ihn eine Selbstverständlichkeit, dass sein Zuhause unser beider Mittelpunkt wurde: Ich fand das zunächst sehr schade, denn ich hatte mir gerade erst neue Möbel gekauft. Meine Wohnung war Alex jedoch leider für jede Form der trauten Zweisamkeit zu klein, und er fühlte sich in den seiner Meinung nach deutlich zu engen Verhältnissen ganz und gar nicht wohl, während ich meine gemütlichen vier Wände sehr mochte. Alex aber brauchte offenbar viel Platz, was ich feststellte, als er mich kurz nach unserem Bootsausflug ins Krefelder Wendebecken zum ersten Mal zu sich einlud: Von außen sah das mehrstöckige Mietshaus ganz normal und verhältnismäßig unauffällig aus, so wie ein paar Jahrzehnte alte Mietshäuser in den bürgerlichen Düsseldorfer Wohngegenden eben aussahen. Nachdem ich allerdings zur Eingangstür hineingekommen war, haute es mich fast aus den Schuhen: Die vor mir liegenden Räume erstreckten sich locker auf 250 Quadratmeter oder sogar noch ein bisschen mehr, und ich bemerkte schon nach ein paar Sekunden, wie sehr ihm seine Rolle als Fremdenführer durch die weitläufige Casa Alexander gefiel.

Während des Rundgangs durch die heiligen Hallen erzählte er mir, dass das gesamte Haus praktischerweise ihm gehörte. Anfangs war die Wohnung wohl deutlich kleiner gewesen, aber er hatte eigenen Angaben zufolge schon zwei Mal höchstpersönlich Wände durchgebrochen und die Nachbarwohnungen integriert. Er zog nicht gerne um, deshalb machte er aus ursprünglich zwei Zimmern, Diele, Küche, Bad kurzerhand vier Zimmer, Diele, Küche, Bad – wobei der Begriff »Zimmer« in diesem Zusammenhang einigermaßen irreführend war: Alleine der Wohnbereich maß gut und gerne zwölf oder noch mehr Meter in der Länge, und an der Decke hing ein professioneller Projektor, der Filme in veritabler Kinoqualität auf eine knapp sechs Meter breite Leinwand werfen konnte. Samt des digitalen THX-Sounds, den er mir vorführte, fühlte es sich hier auch nicht arg viel anders an als im UCI-Multiplex im Medienhafen. Es sah nur anders aus!

Die Einrichtung traf dagegen nicht ganz meinen Geschmack. Trotz dem alles hier sehr weitläufig war, stand meiner Meinung nach überall viel zu viel Zeug herum. Manches davon wirkte plüschig und überladen, und dunkle Farben dominierten überall. Im Bad, das Alex zufolge früher mal sein Schlafzimmer beherbergte, war eine gigantische Dusche mit Seitendüsen eingebaut, in der selbst ein Hüne wie er die Arme ausbreiten konnte, ohne auch nur ansatzweise eine Wand zu berühren, und die große Wanne mit Whirlpool-Funktion hätte jeden Wellnessbereich eines Fünf-Sterne-Hotels geziert. Das aktuelle Schlafzimmer wiederum wurde von schweren, bordeauxroten Samtvorhängen mit aufwendigen Bordüren verdunkelt. Im, sagen wir mal, Speisesaal befand sich dann zu meiner Verwunderung eine mächtige Tafel, um die sich die erste Mannschaft von Fortuna Düsseldorf locker hätte herumgruppieren können und die so eingedeckt war, als kämen im nächsten Moment ein gutes Dutzend Gäste zum Sechs-Gänge-Menü vorbei.

Mit seinem vornehmen Porzellangeschirr, den verschiedenen Gläsern für alle getränketechnischen Eventualitäten und dem glänzend polierten Silberbesteck sah das Ding aus wie der Mustertisch in einem Möbelhaus, und der mächtige Kristalllüster darüber machte es nicht besser. Als ich das alles einen Moment lang auf mich wirken ließ, atmete ich tief durch und musste erstmal schlucken. Das mit dem eingedeckten Esstisch fand ich nicht nur in höchstem Maße unpraktisch, sondern geradezu bizarr. Die selbstgebauten Gel-Kamine, die in fast allen Räumen eingebaut waren, gefielen mir auch nicht sonderlich. Vor allem aber fragte ich mich ernsthaft, warum ein einzelner Mensch eine solch riesige Wohnung benötigte – selbst wenn Alex wahrscheinlich hier auch ab und an mal mit seiner jeweiligen Freundin zusammenlebte. Ich konnte zu diesem Zeitpunkt nicht wissen, dass ich noch nicht alles gesehen hatte!

Trotz meiner teilweise zwiespältigen ersten Eindrücke arrangierte ich mich dann aber verhältnismäßig schnell mit der Situation. Alex machte mich jeden Tag nach Kräften glücklich, und wenn er sich hier in seinem prunkvollen Reich wohl fühlte, dann war das eben so. Ich musste es ja nicht sofort ausmisten. Als Frau verfügte ich schließlich über subtilere Mittel, um die schlimmsten Auswüchse seines Junggesellendaseins und seiner Sammelleidenschaft nach und nach zu beseitigen, wenn wir denn für eine längere Zeit zusammenbleiben sollten. Trotzdem behielt ich erst mal meine Wohnung; nur zur Sicherheit und für den Hinterkopf – auch wenn ich meistens nur noch dorthin fuhr, um irgendwelche Sachen einzupacken, zu waschen oder umzuräumen. Ansonsten sorgte mein neuer Freund wirklich außerordentlich gut für mich. Wir gingen viel miteinander aus, sprachen und lachten stundenlang miteinander oder schauten uns auf der Megaleinwand die neuesten Filme an. Ich lernte im Laufe der Zeit einige seiner Freunde kennen, und er entpuppte sich bei vielen Anlässen als Kavalier der alten Schule. Alex konnte zwar auch laut werden, wenn er sich ungerecht behandelt fühlte oder wenn mir jemand allzu nahe trat. Mich aber trug er auf Händen. Er hielt mir die Türen auf, machte nette Komplimente und signalisierte mir stets aufs Neue, dass er es ernst mit mir meinte. Und nach einigen unbeschwerten Monaten, die wir gemeinsam verbrachten, fuhren wir dann doch noch nach Cannes – in unseren ersten gemeinsamen Urlaub, der sage und schreibe sechs Wochen dauern sollte und für den ich meinen gesamten Vorrat an freien Tagen aufbrauchte. Wenn wir diese lange Zeit, die wir dort nonstop miteinander verbrachten, unfallfrei hinter uns bringen würden, dann hätte unsere Beziehung auf jeden Fall eine belastbare Zukunft.

Schon vor unserer Abreise wurde mir klar, dass Alexanders großes Herz noch einen Platz für eine zweite leidenschaftliche Liebe besaß: seine »Rio«, die bereits vorab an die Cote d'Azur geschafft worden war, damit sie uns in den Ferien zur Verfügung stand. Natürlich reiste er ihr umgehend hinterher, um nach dem Rechten zu sehen und vor allem sein kostbares Boot vom Hafen, in dem es von der Spedition zu Wasser gelassen wurde, die restlichen Kilometer auf dem Meer bis nach Cannes zu steuern. Ich dagegen sollte erst drei Tage später nachkommen, wenn alles von ihm so weit vorbereitet worden war für unser geplantes Abenteuer. Ich ahnte nichts Schlimmes, als er mich am Abend seiner Ankunft vom Hotel aus seltsam erschöpft, ungewohnt leise und todmüde anrief und mir davon erzählte, dass die Leute, die seine »Rio« transportierten, beim Abladen ein ziemliches Durcheinander erzeugt hatten. Ich wunderte mich nur, dass er nicht – wie eigentlich geplant – mit seinem alten Kumpel Roger zum Essen gehen wollte, um in seinen Geburtstag hineinzufeiern, der am folgenden Tag anstand.

Erst später erzählte er mir, dass er kurz vorher in ein plötzliches Unwetter geraten war und es seines ganzen seefahrerischen Könnens bedurfte, um irgendwie heil und vor allem lebend anzukommen. Als erfahrener Skipper, für den er sich hielt, hatte er sich offenbar durch das von der Spedition erzeugte Chaos so aus dem Konzept bringen lassen, dass er weder daran dachte, eine Rettungsweste anzulegen noch die Navigation auf das Ziel zu programmieren. Nach ein paar Minuten türmten sich die Wellen vor ihm meterhoch auf, riesige Jachten wurden wie Spielbälle hin und her geworfen, und Alex wusste nicht mehr, wo oben und unten war, und schon gar nicht, wo er überhaupt hinmusste. In seiner Not hatte er dann mit letzter Kraft den nächsten erreichbaren Hafen angesteuert. Zu seinem Erstaunen war das dann sogar der richtige.

Das konnten ja heitere Ferien werden, dachte ich nur, nachdem Alex nach meiner Ankunft peinlich berührt über seinen Fehler mit der Wahrheit herausgerückt war – zumal ich selbst total erkältet in Südfrankreich aufschlug. Aus diesem Grund begrüßte ich unser Urlaubsziel denn auch erst mal, indem ich mich bei unserer allerersten Ausfahrt auf die Ile Sainte-Marguerite über die Reling übergab.

Wir übernachteten in einem gepflegten Drei-Sterne-Hotel, das uns Alex vorab ausgesucht hatte – weniger wegen des netten Ambientes und schon gar nicht aus Sparsamkeitsgründen. Sondern vorwiegend, weil er von dort aus in ein paar Gehminuten am Hafen bei seiner »Rio« sein konnte und wir gemäß seiner Urlaubsplanung die meiste Zeit ohnehin auf dem Schiff verbringen würden. Das Ding gehörte, das hatte ich inzwischen begriffen, auf jeden Fall zur Familie. Wie auch immer: Auf dem täglichen Weg dorthin kamen wir an einem kleinen Gemischtwarenladen vorbei, den ein Italiener führte, mit dem wir uns auf Anhieb gut verstanden. Der lustige Mann hieß Nuccio, war eingefleischter Sizilianer und betrieb noch einige andere Geschäfte in Cannes, darunter ein kleines, hervorragendes Restaurant. Seine Frau Lina dagegen war etwas spröde, und wir sahen sie während der gesamten sechs Wochen nicht ein einziges Mal lachen, aber das war nicht weiter schlimm, denn ihr Gemahl besaß ausreichend Humor für zwei. Die folgenden Urlaubstage bestanden aus Bootstouren zu sämtlichen küstennahen Inseln, abends gingen wir meistens bei Nuccio und Lina essen, machten gelegentlich Party im örtlichen Nobelclub »Baôli« und fielen danach erschöpft ins Bett. Es waren lange, aber kurzweilige Tage, die wir zu zweit unter der französischen Sonne verbrachten. Ich fühlte, wie ich mich immer mehr in Alex' Gegenwart entspannte.

Zumindest bis zu jenem Moment, als er offenbar dringend und ohne Vorwarnung eine größere Dosis Adrenalin für seinen Hormonhaushalt benötigte! Er hatte mir schon vor längerer Zeit von seiner Begegnung mit dem Vertreter einer Firma namens »Nor-Tech« erzählt; einem Unternehmen, das – wie sich herausstellte – in Florida aberwitzig schnelle Speedboote baute und das in Cannes eine Niederlassung besaß. Natürlich hatte mein bootsverrückter Freund mit seinem Kontakt vereinbart, dass sie sich vor Ort treffen wollten, wenn wir denn schon mal da waren; eine kleine Testfahrt auf einem nagelneuen Rennkatamaran inklusive. Ein solches Geschoss war selbst für Alex ungewohnt, was ihn aber nicht davon abhielt, das Teil unbedingt nach Saint Tropéz fahren zu wollen – mit mir an Bord, versteht sich. Schon als ich den Katamaran im Hafenbecken sah, wurde mir etwas mulmig, und dieses Gefühl besserte sich erst recht nicht, nachdem mir der Hafenmeister noch einen kleinen Mutmacher mit auf den Weg gab.

»Are you ready to die?«, fragte mich der Mann lachend, und weil ich nicht wusste, wie ich darauf reagierten sollte, antworte ich nur:

»No, I'm ready to fly« – und hoffte, das ich diejenige war, die recht behielt, und nicht er.

Nach ein paar Minuten Höllentempo auf dem Meer hatte Alex die Faxen dicke. Rennkatamarane ohne Copiloten zu steuern fühlte sich für ihn an wie Playstation spielen: Ständig musste er etwas regeln, trimmen oder verstellen, was für einen in dieser Hinsicht eher altmodischen Steuermann wie ihn nicht wirklich spannend war. So signalisierte er unseren Begleitern zu meiner großen Freude, dass er keinen Bock mehr hatte, den Katamaran weiter per Joystick zu dirigieren. Gerade, als ich mich beruhigt zurücklehnen wollte, um die vermeintlich etwas beschaulichere Weiterfahrt in den weltberühmten Fischerort doch noch zu genießen, wollte mein Freund plötzlich in ein anderes Boot umsteigen. Ich sah mich um und blickte auf ein Gefährt, das sogar noch bedrohlicher aussah als das, auf dem wir uns gerade befanden – und auf das sich mein Alexander seinen leuchtenden Augen nach leider offenbar viel mehr freute. Dieser Torpedo, der wohl der Prototyp eines ganz neuen Highspeed-Modells war, verfügte über einen V-förmigen Rumpf und über mehr PS als die andere Wasserbombe.

»Kann ich da was kaputt machen?«, fragte Alex den »Nor-Tech«-Experten lapidar.

»Nee, achte einfach darauf, dass du nicht zu hoch abhebst«, lachte der Firmenvertreter zurück. Und dann ging's los!

Die Strecke nach Saint Tropéz, für die wir einige Tage zuvor noch eineinhalb gemütliche Stunden benötigten, kachelten wir in furchteinflößenden zehn Minuten herunter. Ich klammerte mich an die »Nor-Tech«-Chefverkäuferin, die neben mir saß und – wohl um mich zu beruhigen – permanent auf mich einredete, obwohl ich aufgrund der Gasturbinen direkt hinter uns kein einziges Wort verstand. Mit meiner Prognose, bereit zum Fliegen zu sein, behielt ich schon mal recht, denn wir schossen mehrfach bis zu fünfzig Meter durch die Luft, und hätte ich bei einer der Landungen meine Zunge zwischen den Zähnen gehabt, hätte ich sie mir abgebissen. Aber Hauptsache, Alex hatte seinen Spaß – und den hatte er auch deshalb, weil wir mit dem Gerät ja auch wieder genauso schnell zurück nach Cannes fahren durften und nochmal rund 600 Euro durch den Tank jagten. Am Ende dieser Tortour war ich fix und fertig!

Wir hatten noch keine Minute wieder festen Boden unter den Füßen, da kam schon ein anderer »Nor-Tech«-Mann auf Alex zu. Der Firmenvertreter hatte seine Fahrkünste vom Begleitboot aus beobachtet.

»Du hast Talent«, lobte ihn der Fremde und hielt ihm

mehrere Blätter hin. »Sag mal, hast du Lust, für uns als Rennfahrer in der Class One zu fahren?«

Ich verstand noch immer nicht besonders viel von der Materie, aber ich wusste zumindest, dass diese »Class One« so etwas wie die Formel 1 auf Wasser war. Schon bei dem Gedanken daran wurde mir ganz anders. Nicht nur, dass ich mich auf derartigen Teufelsdingern nicht wohlfühlte. Ich müsste mir dann auch ständig Sorgen um meinen Freund machen, denn ungefährlich waren solche Boote ganz bestimmt nicht – und schon gar nicht, wenn man sie dazu noch im Renneinsatz fahren würde. Alex sah mich an und wandte sich wieder dem Typen zu.

»Ihr seid da nicht die Ersten, die mir so ein Angebot machen«, antwortete er. »Aber da hättet ihr mich mal vor zwanzig Jahren fragen müssen. Jetzt habe ich keine Lust mehr, das ganze Jahr über jedes zweite Wochenende irgendwo auf der Welt in irgendeinem Hotel zu sein. Da bin ich lieber mit Nicki zusammen.«

Er sah mich an und lächelte.

»Aber, wenn ihr mal wieder ein Boot zum Probe Fahren habt, jederzeit gerne«, lachte er. Dann nahm er mich an der Hand, und wir gingen schweigend zurück zum Hotel.

Nach diesem Tag begriff ich zwei Dinge: Erstens hatte ich mir offenbar einen ziemlichen Draufgänger als Lebensgefährten ausgesucht, mit wenig Scheu vor großen Geschwindigkeiten und neuen Erfahrungen. Der zweitens aber zum Glück erkannte, wie weit er gehen und was er sich und mir zumuten konnte. Am Abend versprach er mir, immer auf mich aufzupassen. Egal, ob das auf einem Boot sein sollte oder irgendwo sonst im Leben.

Nicht erst nach diesem Urlaub fügte sich ein Bild zusammen, das mir immer besser gefiel: Dieser nach außen hin so harte Typ, der mich bei unserer allerersten Begegnung mit seinem vorwitzigen Spruch zum Lachen gebracht hatte, obwohl meine Laune im Keller war, wusste sich zu benehmen, hatte Humor, besaß ein weiches Herz und war dennoch unnachgiebig, wenn es darum ging, sein Revier zu verteidigen. Allenfalls die Angelegenheit mit dem Esstisch bei ihm zu Hause fand ich nach wie vor ein bisschen suspekt. Soweit ich mich heute daran erinnern kann, luden wir innerhalb von zwei Jahren genau drei Mal andere Leute zum Essen ein. Dafür mussten wir oder die arme Haushälterin, die zwei Mal pro Woche vorbeikam, regelmäßig alle Gläser, Teller und das Besteck fein säuberlich abstauben, polieren und abspülen, damit sich Alex für den nie eintretenden Besucheransturm präpariert fühlte – wobei er behauptete, dass ihm schlichtweg das Ambiente eines elegant eingedeckten Tisches behagte. Aber das nur am Rande.

Nur über eine Sache wunderte ich mich nach einer gewissen Zeit noch: Offenbar war mein Märchenprinz, bevor er mich kennenlernte, sehr umtriebig im Düsseldorfer Nachtleben gewesen, denn nahezu überall, wo wir hinkamen, wurde er in höchstem Maße freudig begrüßt; ganz gleich, ob vom Inhaber persönlich, dem Geschäftsführer, vom Kellner oder Türsteher. Es stellte sich auch heraus, dass er im »Poccino« ein gern gesehener Stammgast war, der hier einst eine Mittagsrunde ins Leben rief, zu der sich über etliche Jahre hinweg bis zu 20 Leute nahezu täglich einfanden. Und es schien noch mehr solcher Treffs in anderen Lokalen oder Clubs zu geben, die beinahe ausschließlich aus Männern bestanden. Auch manche Anekdote aus vergangenen Zeiten, die er immer wieder freimütig erzählte, deutete durchaus darauf hin, dass der Mann nicht viel ausgelassen hatte, bevor wir uns trafen.

Außerdem entsprachen seine Hobbys durchweg dem Klischee eines notorischen Machos und unverbesserlichen Playboys: Das Boot im Jachtclub und sein Faible für irres Tempo waren nicht die einzigen Freizeitvergnügen gewesen, denen er sich gerne hingab. Er fuhr außerdem sehr gerne schwere Motorräder und schnelle Autos, übte mit Leidenschaft asiatische Kampfkunst aus und besaß eine Vorliebe für Bullterrier, die sich wenigstens entgegen der landläufigen Meinung als liebenswerte und überaus friedliche Tiere entpuppten. Trotzdem: Sollte ich am Ende doch einem wenn auch charmanten, aber gewohnheitsmäßigen Aufreißer ins Netz gegangen sein? Konnte ich mich so in einem Menschen täuschen? Ich wischte den Gedanken beiseite, weil es für Verdachtsmomente eigentlich keinen Anlass gab. Trotzdem blieb ich wachsam, denn eine böse Überraschung wollte ich nicht unbedingt erleben.

Eines Abends entschied Alex, mit mir in die »Tobar« zu gehen, einem vergleichsweise intimen Laden in der Nähe der »Kö«, der die Coolness einer New Yorker Hotelbar ausstrahlte. Man saß dort für gewöhnlich bei Kerzenlicht auf schweren, dunklen Ledersofas, trank einen gediegenen Cocktail oder ein schönes Glas Wein, und am Wochenende konnte man auf der kleinen Tanzfläche sogar richtig abfeiern, wenn einem denn danach war. Alex hatte sich für den Anlass noch schicker gemacht als sonst sowieso schon, wenn wir zusammen unterwegs waren. Er trug ein elegantes schwarzes Sakko, das seinen breiten Rücken betonte, ein eng geschnittenes schwarzes Hemd, eine schmale schwarze Jeans und blank polierte, schwarze Schuhe. In diesem Outfit hätte er locker auch bei irgendeiner großen Gala über den roten Teppich laufen können. Für die »Tobar« hätte es das nicht unbedingt gebraucht, aber es gefiel mir. Als wir unsere Plätze eingenommen hatten, steckte er sich genüsslich eine Zigarre an, zog ein, zwei Mal, blies den Rauch aus – und sah erwartungsvoll zu mir herüber.

»Und? Fällt dir was an mir auf?«

»Du siehst gut aus«, sagte ich mehr aus der Not heraus, denn ich wusste nicht, worauf er gerade hinauswollte.

»Das weiß ich«, sagte er und lächelte. »Aber das meine ich nicht.«

»Ich verstehe nicht ganz?«, fragte ich unsicher. »Was soll mir denn an dir auffallen?«

In diesem Moment klimperte er kokett mit den Augen und wirkte dabei ein bisschen wie ein junges Mädchen, das gerade ihren Schwarm aus der Klasse darüber vom gemeinsamen Besuch des bevorstehenden Schulballes überzeugen wollte. Ich schaute etwas genauer hin und sah, dass seine Wimpern dunkler wirkten als sonst. Das aber konnte auch am gedämpften Licht liegen.

»Die habe ich mir färben lassen«, sagte er triumphierend.

Ich wusste nicht, was ich darauf entgegnen sollte. Bislang war ich mit Alex' Wimpern eigentlich sehr zufrieden gewesen, und ich sah ehrlich gesagt auch keinerlei Anlass, daran irgendetwas zu verändern. Aber wenn er unbedingt meinte, sich »Refectocil« oder einen anderen Färbekram auftragen zu müssen, dann gönnte ich ihm eben diesen Spaß. Man hörte schließlich des Öfteren davon, dass Männer ab einem gewissen Alter zu spinnen anfingen, was ihr Äußeres betraf – und plötzlich ein Mal wöchentlich zur Kosmetik rannten, sich die Haare tönten oder sündhaft teure Anti-Aging-Cremes kauften. Ich hatte zwar bislang nicht den Eindruck, dass mein Freund auf eine Midlife Crisis zusteuerte, eher im Gegenteil. Aber vielleicht hatte er diese Krise bis dahin einfach gut kaschiert, und jetzt – nach einem guten Vierteljahr Beziehung – brach es aus ihm heraus. Ich war ja nun doch ein paar Jährchen jünger als er.

Ich thematisierte seine eigenartige Schönheitsbehandlung nicht weiter, und ich vergaß das Thema auch bald wieder. Der weitere Abend verlief wie immer sehr harmonisch. Wir verbrachten noch zwei Stündchen in der »Tobar«, quatschten und lachten viel, trafen zufällig auf ein paar Freunde und Bekannte, tranken etwas und fuhren dann gut gelaunt nach Hause. Zum Ausklang setzten wir uns, wie gewöhnlich, bevor wir ins Bett gingen, auf die Couch in Alex' riesigem Wohnzimmer, um die letzten Tage Revue passieren zu lassen. Ich war wieder viel unterwegs gewesen und wusste gar nicht, was er zuletzt alles erlebt hatte.

»Ich muss dir noch was erzählen«, hob er an, und seine Stimme hatte auf einmal einen sehr bedeutungsvollen Klang. Ich befürchtete schon beinahe, dass er mir womöglich einen Heiratsantrag machen wollte, wofür es an und für sich noch viel zu früh war. Darum war ich verunsichert.

»Ich mach's kurz«, sagte er ganz ernst. »Ich habe da noch eine andere Seite, von der du wissen solltest.«

Um Himmels willen, was kam denn jetzt?, dachte ich nur. Bevor ich mir allerdings ausmalen konnte, was er damit meinte, schob er schon die genauere Erklärung nach.

»Weißt du, ich bin für mich auch mal gerne etwas weiblicher. Ich bin zu Hause gerne eine Frau.«

Zu Hause. Gerne. Eine. Frau. Diese vier Worte konnten ja nur ein Witz sein! Es war zwar weder der 1. April, noch stand der Düsseldorfer Karneval bevor, aber mir gegenüber saß ein Mann, bei dessen Testosteron-Verteilung der liebe Gott einen großzügigen Tag gehabt hatte und der mir soeben beichtete, eine feminine Ader zu haben. Ich war mit der Situation vollkommen überfordert.

»Gib mir 45 Minuten«, sagte er. »Dann siehst du, was ich meine.«

»Okay«, antwortete ich lediglich. Mehr konnte ich in diesem Augenblick nicht sagen.

Alex verschwand irgendwo im Labyrinth seiner 250 Quadratmeter und war erst mal weg. Ich blieb alleine zurück auf dem Sofa und versuchte, wieder etwas Struktur in meinen Kopf zu bringen. Was konnte das jetzt bedeuten? Hatte er einen Fetisch, von dem ich nichts ahnte und der sich nicht länger verbergen ließ? Trug er vielleicht heimlich Frauenunterwäsche oder hüpfte er hier nackt oder in Netzstrümpfen herum? Oder zog er sich am Ende gar einen Rock an, wenn ich nicht da war? Und vor allem: Was bedeutete das jetzt für unsere Beziehung? Schwul schien er nicht zu sein, so viel glaubte ich, nach den letzten gemeinsamen Monaten dann doch zweifelsfrei beurteilen zu können. Wobei: Wer wusste schon, zu was Menschen imstande waren, wenn es um ihre Sexualität ging? Mir wurde heiß und kalt, und mein Herz pochte bis zum Hals. Die Minuten zogen sich dahin, und ich sah ständig auf die Uhr. Wo blieb er denn nun? Und wie sollte ich reagieren, wenn er wiederkam? Musste ich lachen? Oder war diese Beziehung, die so verheißungsvoll begonnen und sich zuletzt so vielversprechend entwickelt hatte, in wenigen Minuten vorbei?

Ich hatte keine Ahnung, was gleich passieren würde, und verspürte eine leichte Panik in mir aufsteigen.

Am Klang von hohen Absätzen hörte ich, dass er wiederkam. Als Alex kurz darauf vor mir stand, sah ich meinen Freund tatsächlich in Pumps und einem langen Abendkleid. Er hatte ordentlich Schminke und Lippenstift aufgetragen, und er trug eine blonde Perücke. Das Gesamtbild sah alles in allem eher befremdlich aus, auch weil ich als modebewusste und, mit Verlaub, echte Frau fand, dass das alles irgendwie nicht zusammenpasste. Insofern war mein allererster Gedanke auch, ob er sich denn nicht wenigstens etwas anderes hätte heraussuchen können. Doch ein paar Sekunden danach kam schon der zweite Gedanke. Und dann der dritte und vierte. Ich wusste nicht, ob ich nun lachen oder weinen oder einfach schnell wegrennen sollte. Das, was bis vor einer knappen Dreiviertelstunde mein unerschütterlich wirkender Fels in der Brandung, mein mutiger weißer Ritter, mein sturmerprobter Käpt'n war, sah gerade aus wie ein nicht besonders aussichtsreicher Teilnehmer eines Travestiewettbewerbs. Ich war schon immer ein toleranter Mensch und der festen Meinung, dass jeder sein Leben so leben sollte, dass er damit am Ende des Tages glücklich war. Wenn Männer also andere Männer liebten und Frauen andere Frauen, dann war das vollkommen in Ordnung. Aber ich war offensichtlich mit jemandem zusammen, der aussah wie Bruce Willis in seinen besten Zeiten und sich dennoch als Frau fühlte; zumindest ab und zu. Das war schon starker Tobak!

Nach dem ersten Schock erwachte erstaunlicherweise meine Neugier. Ich musste mich über mich selbst wundern, dass ich nicht in Tränen ausbrach oder hysterisch wurde. Aber ich saß noch immer ruhig auf dem Sofa und betrachtete Alex oder das, was sein schrilles Outfit aus ihm machte. Er hatte mir soeben einen gewaltigen Brocken hingeworfen, den ich erst mal verdauen musste. Aber vielleicht konnten meine vielen Fragen, die sich nacheinander in einer immer länger werdenden, mentalen Warteschlange anstellten, dabei helfen, die Situation besser zu verstehen.

»Wie kam's dazu?«, fragte ich.

»Was steckt denn da dahinter?«

»Seit wann machst du das schon?«

»Wie oft ziehst du dich so an?«

»Was bedeutet das für uns?«

Auch ohne die genauen Antworten zu kennen, ging ich bei allem natürlich davon aus, dass Alex' weibliche Seite ein, sagen wir mal, nicht alltägliches Freizeitvergnügen darstellte, ein schräges Hobby, ein verrücktes Faible. Nicht weniger. Aber hauptsächlich nicht mehr.

»So viele Fragen«, sagte er. »Keine Sorge, ich erkläre dir alles. Aber erst mal möchte ich dir noch etwas zeigen.«

Ich hatte keinen Schimmer, was nun noch auf mich zukommen könnte. Krasser konnte es eigentlich kaum werden! Alex nahm mich an der Hand und ging mit mir quer durch die Wohnung in sein Arbeitszimmer. Dann machte er den Schrank auf und öffnete eine Tür, von der ich bis dahin noch gar nicht wusste, dass sie überhaupt existiert. Es war unglaublich: Hinter seinem Büro, das er sich bei einem seiner Erweiterungen kreuz und quer auf der Etage zu seinen vorhandenen Zimmern dazugebaut hatte, befand sich ein geheimer Raum. Ich stutzte, wagte mich einen Schritt weit hinein – und blickte mich halb fasziniert und halb fassungslos um. Es war, als wäre ich von Walt Disney persönlich ins Herzstück von Schneewittchens Schloss geführt worden.

Das Zimmer war durch und durch in rosa gehalten: Es hatte also einen rosafarbenen Teppich, rosa gestrichene Wände, rosa Schränke und ein rosa Hochbett samt Barbie-Bettwäsche und Barbie-Kissen. In der einen Ecke stand eine rosa Trockenhaube, in der anderen waren fein säuberlich jede Menge Puppen in einem rosa Regal drapiert. Dazu kamen noch zig Utensilien wie Spiegel oder Kämme, die alle natürlich ebenfalls rosa waren. Es musste Jahre gedauert haben, das alles so zusammenzutragen und herzurichten. Kein Zweifel: Für dieses Zimmer hätte jedes kleine Mädchen auf der ganzen Welt gemordet. Aber es gehörte meinem Lebensgefährten! Dem Mann, der mir noch vor ein paar Wochen erzählte, wie er in einem Rennwagen eine Hochgeschwindigkeitswette gegen einen Tornado-Piloten gewonnen hatte.

Das war der Hammer!

Der rosa Traum drehte sich um mich herum.

»So. Jetzt kennst du mein Geheimnis«, sagte Alex.

Ich sah ihm an, dass er aufgeregt war, wie meine Reaktion ausfallen würde, und sich gleichzeitig bemühte, möglichst locker zu wirken. Aber nun konnte ich endgültig gar nichts weiter sagen. Ich wollte einfach nur wissen, wie das alles wahr sein konnte.

»Das ist eine lange Geschichte«, sagte er mit milder Stimme.

Ich habe Zeit, dachte ich nur. Ich habe viel Zeit.

Der Schwächste kriegt immer zuerst auf die Fresse *(Alicia)*

Wie Alex lernte, sich zu behaupten

Als der kleine Alexander an einem heißen Julitag im Sternzeichen Krebs in Düsseldorf am Rhein das Licht der Welt erblickte, war für meine Eltern die Familienplanung eigentlich längst vollumfänglich abgeschlossen. Das lag vor allem an meinem Vater – der war nämlich Jahrgang 1894! Diese selbst aus meiner kindlichen Sicht historisch anmutende Zahl bedeutete im Klartext, dass er im selben Jahr geboren wurde, in dem Russlands Zar Alexander III. starb und sein Sohn Nikolaus II. die Herrschaft übernahm. Das weiß ich deshalb so genau, weil meine mir logischerweise unbekannten Großeltern einst aus dem Deutschen Reich auswanderten, um für eben diese Zarenfamilie Schiffe zu bauen, und Vater daher ursprünglich aus St. Petersburg stammte. In Deutschland regierte zur selben Zeit Kaiser Wilhelm II. und stand praktisch noch am Beginn seiner Herrschaft! In Paris eröffnete derweil der allererste Auto-Salon der Welt, und die Tower-Bridge in London wurde gerade eben fertig gestellt. Möglicherweise wurden mir wegen der goldenen Schiffsbau-Tradition dieser komischen Familie ein paar maritime Gene mitgegeben, die schlussendlich zu meiner Bootsleidenschaft führten. Aber irgendwie wirkte das alles für mich wie aus einer vollkommen anderen, längst vergangenen Ära. Und das war es letzten Endes natürlich auch.

Vater hatte beide Weltkriege mitbekommen, den ersten als junger Erwachsener, den zweiten dann als junger Unternehmer. Er musste also gleich mehrfach im Leben wieder ganz von vorne anfangen und war insofern viel Elend gewohnt. Anders konnte ich mir nicht erklären, wie er eines Tages an meine Mutter geraten konnte, die er aus mir unerfindlichen Gründen zu seiner dritten Ehefrau auserkor. Sie war, als habe man aus den schrecklichsten Weibern von Denver Clan, Dallas und Falcon Crest eine einzige Person zusammengebaut – so eine Art niederrheinische Alexis, die selbst im Alter von 70 Jahren noch Netzstrümpfe trug. Vielleicht wollte mein Papa in seinen reiferen Jahren einfach mal seine Grenzen ausloten, denn in Sachen Frauen war er zuvor ein recht umtriebiger Mensch gewesen. Diese Tatsache bescherte mir diverse Halbgeschwister, zu denen ich aber so gut wie keinen Kontakt hatte beziehungsweise die – wenn sie aus Vaters erster Ehe stammten – ebenfalls schon so alt waren, dass ein Kontakt für mich auch keinen Sinn ergeben hätte. Mein einziger leiblicher Bruder wiederum war auch schon elf Jahre älter als ich. Er machte keinen Hehl daraus, dass er lieber ein Einzelkind geblieben wäre, und es gab früh in meinem Leben Momente, in denen auch ich mir wünschte, es wäre so gekommen.

Meinen Vater jedoch liebte ich uneingeschränkt – und er gab mir dieses Gefühl zurück, so gut er konnte. Er war immer nachsichtig mit seinem Nesthäkchen und schimpfte so gut wie nie mit mir. Auch dann nicht, wenn ich den frischen und noch warmen Apfelkuchen verputzte, den unsere Küchenhilfe für das Wochenende vorbereitet hatte: Anstatt mich zu ermahnen, maßregelte er lieber lachend die Köchin, sie solle doch bitte schön so schnell wie möglich einen neuen Kuchen in den Ofen schieben. Dies entwickelte sich über die Jahre beinahe zu einem Ritual, und es stand exemplarisch dafür, wie mein Vater sich mir gegenüber verhielt. Er ließ mir viele Dinge durchgehen, wenn ich über das Ziel hinausgeschossen war und trotzig oder bockig reagierte. Er tröstete mich, wenn ich mich nach einer weiteren Woche, die ich vorwiegend mit meiner Mutter und meinem Bruder verbringen musste, traurig und einsam fühlte. Und er sah zähneknirschend darüber hinweg, dass ich außer einer Carrera- und einer Modelleisenbahn und einem SABA-Plattenspieler auch noch zwei Barbie-Puppen besaß, mit denen ich gerne und ausgiebig in meinem Kinderzimmer spielte – auch wenn er nicht recht wusste, wie er diese Vorliebe einordnen sollte.

Unser gemeinsames Problem war nur, dass er sehr selten zu Hause war. Als gelernter Zivilingenieur und Inhaber eines gut gehenden Großhandels für Industriebedarf war er ständig von früh am Morgen bis tief in die Nacht im Düsseldorfer Büro oder aber in ganz Deutschland, ja europaweit unterwegs. Er führte seine Firma mit strenger Hand, war ein harter Verhandlungspartner und kompromissloser Konkurrent. Auch privat war er durch und durch ein Patriarch der alten Schule – auf familiärer Ebene allerdings im besten Sinne. Die Bilder, die ich heute noch von ihm im Kopf habe, zeigen einen stolzen, aufrechten Mann in einem eleganten, glänzenden Morgenmantel mit burgunderrotem Paisleymuster, wie er gerade am Esstisch saß, eine dicke Zigarre rauchte und zufrieden unseren Boxer fütterte, der geduldig den Kopf auf Vaters Knie legte. Auch wenn er sonst sehr darauf bedacht war, dass alles seine Ordnung hatte – in diesen Momenten störte es ihn nicht einmal, wenn der Sabber unseres Hundes dabei literweise auf den Morgenmantel tropfte. Solche Szenen wirkten auf Außenstehende wahrscheinlich wie aus alten Spielfilmen aus der Wirtschaftswunderzeit. Der Eindruck wurde noch durch die schweren Perserteppiche verstärkt, die überall ausgelegt waren, und auch durch die Ikonen an den Wänden, die noch aus der Zarenzeit stammten und die Vater aus St. Petersburg mitgebracht hatte. Doch so und nicht anders war es bei uns daheim – wenn auch leider nur an sehr wenigen Sonntagen. Den Rest des Jahres war er viel zu oft nicht da.

Manchmal waren auch wir nicht da. Denn unser Vater war irgendwann der Meinung, seine Familie sei weite Teile des Jahres besser dort aufgehoben, wo das Klima meistens wärmer, die Kultur abwechslungsreicher, das Essen vielseitiger und die Landschaft schöner war als im Rheinland. Daher wuchs ich teilweise in Torre del Mare auf, einem malerischen Dorf in der Nähe von Bergeggi, einer wunderschönen Ecke an der italienischen Riviera, genau zwischen Genua und Nizza. Das führte dazu, dass Italienisch praktisch zu meiner zweiten Muttersprache avancierte und ich ein Faible für die dortige Lebensart entwickelte. Ich mochte die Atmosphäre, das Wetter und vor allem die gewisse Leichtigkeit, die immer in der Luft hing, wenn man unterwegs war, und ganz besonders liebte ich das Meer. Auch meine Mutter entwickelte eine Vorliebe für Land und Leute, was ich jedoch erst einige Zeit später schmerzlich erfahren sollte.

Eines Tages, es waren gerade Schulferien, kam mein Vater zu mir und verkündete mir, dass ich ihn ausnahmsweise auf seine anstehende Dienstreise begleiten würde.

»Wohin musst du denn?«, fragte ich und rechnete mit einer wenig spektakulären Antwort.

»Nach Paris«, sagte mein Vater, und ich war nachhaltig beeindruckt.

Von dieser Stadt hatte ich natürlich schon gehört. Sie wurde, so viel wusste ich immerhin, als »Stadt der Liebe« bezeichnet, was für mich als gerade achtjähriger Junge zwar nicht das ausschlaggebende Kriterium für ein spannendes Abenteuer darstellte. Aber es klang deutlich attraktiver als eine Fahrt beispielsweise nach Flensburg, Hannover oder Stuttgart, was angesichts der vielfältigen Geschäfte meines Vaters ja ebenfalls im Bereich des Möglichen gewesen wäre. Außerdem wollte ich den Eiffelturm sehen.

Für den Abend des Ankunftstages hatte Vater einen Termin mit seinen dortigen Kunden vereinbart, und ich richtete mich auf einen langen Abend mit langweiligen Gesprächen in einem spießigen Restaurant ein. Wir fuhren vom Hotel mit dem Taxi die hell beleuchteten Straßen entlang, vorbei an der Oper, die Rue La Fayette hinauf in Richtung Montmartre bis zum breiten Boulevard Clichy. Diese Stadt hatte schon was, das stand außer Zweifel, und jetzt, wo es dunkel wurde, sah alles noch viel weltläufiger und aufregender aus mit den zahllosen bunten Lichtern, den prächtigen Fassaden und dem chaotischen Verkehr, der an jeder einzelnen Ampel zum Erliegen kam. Nur auf das, was jetzt folgte, hatte ich so gar keine Lust, doch ganz alleine auf dem Zimmer mit einem Fernseher voller französischer Programme wollte mich mein Vater auch nicht lassen – was ich wiederum sehr nett fand.

Als das Taxi hielt, mein Vater bezahlt hatte und wir ausgestiegen waren, strahlte die Straße taghell von den roten Buchstaben, die mannshoch auf dem Dach sowie oberhalb der Eingangstür angebracht waren. Die Gegend drum herum sah zwar nicht mehr ganz so einladend aus wie die Viertel, durch die wir hierher gefahren waren, aber dieses Lokal, in dem er sich verabredet hatte, schien wirklich ein sehr großes Restaurant zu sein. Auch die originelle Reklame dafür, die oben auf dem Dach angebracht war, war wirklich gigantisch: Es handelte sich um eine feuerrote, ebenfalls von innen und außen beleuchtete Windmühle, deren helle Flügel sich langsam drehten. Das Lokal hieß »Moulin Rouge«.

Wir gingen hinein, und ich war vom ersten Augenblick an fasziniert wie ein kleines Kind beim Anblick des ersten geschmückten Weihnachtsbaumes meines Lebens. Ich hatte keine Ahnung, was genau das hier sein sollte. Aber ein Speiserestaurant war das eher nicht, zumindest keines, wie ich es bis dahin gesehen hatte. Die vielen Tische im Saal waren kreisrund angeordnet, auf jedem stand ein Kerzenleuchter, abgesehen von den schweren, weißen Damasttischdecken dominierte auch hier überall die Farbe rot, und Männer in schwarzen Smokings wiesen den Gästen mit beiläufigen, eleganten Gesten den Weg zu ihrem Platz. Ein bisschen wirkte es wie im Zirkus, nur dass alles viel geheimnisvoller und mondäner war.

Als wir ziemlich weit vorne Platz genommen hatten, entdeckte ich, dass alle Tische wie in einem Amphitheater um eine Bühne herumgruppiert waren. Es herrschte Hochbetrieb und war drückend heiß. Alle Gäste, Männer wie Frauen, hatten sich sehr schick gemacht. Die Geschäftspartner meines Vaters waren inzwischen ebenfalls eingetroffen. Für die Erwachsenen wurde flaschenweise Wein und Champagner serviert und irgendwann auch die Vorspeise, an die ich mich nicht mehr erinnern kann, die aber bestimmt irgendetwas mit Gänseleber zu tun hatte. Doch das Essen war mir egal: Ich blickte gespannt auf das, was sich vor meinen Augen tat. Und das war: Wahnsinn! Zwei Dutzend Tänzerinnen und einige Tänzer wirbelten in sehr knappen, glitzernden Kostümen herum und tanzten nicht nur auf der Bühne, sondern sogar auch direkt zwischen den Tischen, als ob es kein Morgen gäbe. Nach dem Hauptgang wurde es noch etwas freizügiger, und die Damen kehrten in strassbesetzten Bikinis und mit rotem Pompons zurück. Im weiteren Verlauf des Abends sah ich Dinge, die ich noch nie zuvor gesehen hatte: Strapse, Korsagen, Netzstrümpfe. Ich hörte eine wirklich bombastische Musik, die mich nicht mehr losließ.

Und ich roch einen ganz besonderen Duft. Ich wusste nicht, um welches Aroma es sich genau handelte, aber es war auf jeden Fall eine einzigartige Mischung aus Noten von Vanille, Schokolade, Karamell, von Beeren und Honig, von Bergamotte und Kokos, die hier in der Luft hing. Es war, als würden meine Geruchsnerven förmlich explodieren aufgrund der vielen verschiedenen Eindrücke. Dieser Duft, den ich an jenem Abend im Moulin Rouge förmlich schmeckte, prägte sich ganz tief in meiner olfaktorischen Wahrnehmung ein, viel tiefer als die Tänzerinnen und Tänzer selbst. So tief, dass ich ihn nie wieder vergessen sollte!

Mein Vater bemerkte, wie sehr mich das Erlebnis bezauberte. In den nächsten vier Jahren nahm er mich deshalb fast jedes Mal mit, wenn er in Paris etwas zu tun hatte. Je älter ich wurde, desto mehr war mir die Stadt egal. Ich freute mich nur noch auf den Anblick der Damen vom Moulin Rouge. Das starke, dabei aber kunstvolle Make-up, das Styling, die Figur – all das prägte meine optische Vorliebe für Frauen ein für alle Mal.

Zu Hause in Düsseldorf war es dagegen meistens deutlich weniger unbeschwert als in Torre del Mare oder in Paris, was nicht nur am unterkühlten Verhältnis zu meiner Mutter und meinem Bruder, sondern auch an der Schule lag. Ich ging aufs Gymnasium, und mein Vater ließ es sich nicht nehmen, mich gelegentlich in seinem Cadillac dort abzuliefern. Ich dachte mir nichts weiter dabei und war heilfroh, wenn wir wenigstens am Morgen noch ein paar Minuten gemeinsam verbringen konnten. Für mich als Kind war unser Caddy ein elegantes, komfortables und unglaublich mondänes Auto, wie es allerdings perfekt zu meinem Papa passte. Die Wirkung, die der Ami-Schlitten auf meine Mitschüler hatte, löste dagegen etwas weniger positive Gefühle aus. Der Sozialneid meiner Mitschüler war gelinde gesagt ziemlich krass!

Zunächst sah ich mich lediglich einigen Frotzeleien ausgesetzt – und den üblichen blöden Sprüchen auf dem Pausenhof. Mir ging das pubertäre Blabla zunächst zum einen Ohr rein und zum anderen wieder raus. Immerhin war ich in dieser Hinsicht durch die ständigen Maßregelungen meiner Mutter recht gut trainiert. Im Laufe der Zeit aber wurden vor allem die Jungs aus der Oberstufe immer aggressiver, und ich musste mich jeden Tags aufs Neue vorsehen, keine Prügel zu kassieren. Irgendwann aber eskalierte die Situation dann doch.

»Da ist ja das Bonzensöhnchen«, hörte ich noch jemanden hinter mir rufen.

»Dem zeigen wir's!«, rief ein anderer.

Ein paar Minuten später hatte ich von zwei deutlich älteren, deutlich größeren und leider auch deutlich stärkeren Kerlen eine heftige Tracht Prügel kassiert. Mein Hemd war komplett zerrissen, die Hose kaputt, und mein Gesicht und meine Arme waren mit Schrammen übersät. Dass einer seiner Schützlinge nach der großen Pause derart ramponiert ins Klassenzimmer zurückkehrte, schien meinen Mathelehrer trotzdem nicht zu stören. Und auch der Deutschlehrer in der nächsten Stunde und der Geschichtslehrer in der übernächsten guckten entweder durch mich hindurch oder gleich ganz weg. Den Rest des Schultages saß ich herum wie eine Mischung aus Robinson Crusoe und einem Kirmesboxer, doch meine lieben Lehrer unternahmen rein gar nichts. Sie fragten nicht einmal, ob mit mir alles in Ordnung war, was erkennbar nicht der Fall sein konnte. Also beschloss ich, die Angelegenheit selbst in die Hand zu nehmen.

Leider hatte mir mein Vater neben einem ausgeprägten Gerechtigkeitssinn auch noch eine gute Portion Jähzorn vererbt. Und genau die sollten diese Schläger jetzt kennenlernen. Nach dem Schlussgong der letzten Stunde beeilte ich mich wie ein Leistungssprinter, um möglichst schnell draußen vor dem Schulgelände zu sein. Ich wusste genau, wann meine Peiniger kommen und welchen Weg sie entlanglaufen würden. Dort legte ich mich auf die Lauer, bewaffnet mit einer schweren, verchromten Stahlpumpe, mit der ich für gewöhnlich meine Fahrradreifen mit ausreichend Luft versorgte. Zusammen mit dem Überraschungsmoment erwies sich die Pumpe dann tatsächlich als probates Mittel, die Schläger ordentlich einzuordnen. Dass der Unterstufenjunge Alexander dazu in der Lage war, es gleich mit zwei gewalttätigen Rowdys aufzunehmen, überraschte dann nicht nur die Betreffenden selbst. Plötzlich interessierten sich auch meine zuvor so gleichgültigen Lehrer für den Vorfall: Ich bekam eine Menge Ärger und kassierte einen Verweis. Diese Ungerechtigkeit ließ sich nur durch die Genugtuung wettmachen, dass ich in der Folgezeit weitgehend in Ruhe gelassen wurde.

Ich zog eine sehr nachhaltige Lehre aus dieser Geschichte: Ich wusste nun, dass ich auf mich allein gestellt war, wenn es drauf ankam – und dass ich mich deshalb selbst zur Wehr setzen musste. Denn ich hatte am eigenen Leib zu spüren bekommen, dass der Schwächste immer zuerst auf die Fresse bekam. Das war damals so, und es ist heute leider nicht anders. Deshalb war ich überaus froh, als der beste Freund meines Vaters darauf bestand, dass ich ab jetzt Kampfkunst-Unterricht bei einem alten Chinesen in Düsseldorf nehmen sollte. Ich dachte zunächst, dass mir der weise Meister helfen konnte, künftig noch kräftiger zuschlagen zu können. Aber die Wirklichkeit sah anders aus: Der Mann lehrte mich sehr geduldig und sehr gekonnt eine ganz besondere Form der asiatischen Kampfkunst. Keinen Kampfsport, den man auch als sportlichen Wettbewerb austrug, sondern eine sehr ungewöhnliche Art der Selbstverteidigung, bei der das Besiegen des Gegners nicht nur mit rein physischen Kräften im Vordergrund

stand. Der angenehme Nebeneffekt des harten und lang-
wierigen Trainings war, dass ich dort nicht nur das Wissen erwarb, wie ich im Fall der Fälle eine unmittelbare Be-
drohung elegant ausschalten konnte, sondern dass ich auch
meinen Jähzorn unter Kontrolle bekam.

Kurz darauf starb mein Vater, was für mich ein riesiger
Schock war! Ich war gerade zwölf Jahre alt. Jetzt fehlte mir
die einzige Bezugsperson und mein Rückhalt in der Familie. Überdies verweigerte mir meine Mutter, meinen Vater in seinen letzten Stunden nochmals zu sehen, um von
ihm Abschied nehmen zu können. Während meine Mutter
und mein Bruder deutlich besser mit dem Verlust umgehen konnten und nun stärker zusammenhielten als ohnehin schon, war ich fortan daheim ein noch größerer Sün-
denbock und insofern die meiste Zeit endgültig auf mich
gestellt. Ich trauerte sehr, schien aber mit diesem Gefühl
irgendwie der Einzige in der Familie zu sein. Mein Bruder zog weiterhin sein Ding durch, war viel unterwegs und
thematisierte Papas Tod nicht weiter. Und meine Mutter holte sich gerade einmal drei Monate, nachdem sie zur
Witwe wurde, ihren italienischen Liebhaber ins Haus.

Allerdings handelte es sich bei diesem Exemplar nur
um einen Schmalspur-Gigolo, einen Möchtegern-Ver-
führer, der in seinem wahren Leben an der Düsseldorfer
Volkshochschule langweiligen Sprachunterricht gab – vorwiegend für deutsche Hausfrauen mit unerfüllten Sehnsüchten nach Amore und Dolce Vita oder dickbäuchige
Wohnwagenbesitzer, die beim nächsten Urlaub auf dem
Campingplatz in Rimini ihr Bier oder ihr Schnitzel auf
Italienisch bestellen wollten. Wie auch immer: Der Trottel

war keine paar Tage bei uns eingezogen, da war mir bereits sonnenklar, dass die Kragenweite meines Vaters mindestens drei Nummern zu groß für ihn war. Leider hinderte es ihn nicht daran, sich trotzdem wie der leibhaftige Patrone aufzuführen.

Eines Nachmittags hatte unsere Köchin wieder einen ihrer legendären Apfelkuchen gebacken. Wie immer schnitt ich mir ein ordentliches Stück heraus und setzte mich damit in den Garten. Ich blickte in den Himmel und dachte darüber nach, ob mich mein Vater in diesem Moment vielleicht auch milde lächelnd beim verbotenen Kuchenessen beobachtete, so wie er es immer getan hatte, als er noch lebte. In diesem Moment spürte ich, wie mich jemand am Arm packte. Es war der dämliche Gockel, der mir inzwischen den Alltag schwer machte, wo er nur konnte.

»Was machst du da?«, herrschte er mich an – in einem Ton, als hätte ich sein gesamtes Hab und Gut gestohlen.

»Ich esse einen Kuchen«, sagte ich wahrheitsgemäß und dachte mir noch nicht einmal was bei dieser Antwort. Sie stimmte ja.

»Das sehe ich. Das lässt du schön bleiben, mein Lieber!«

Abgesehen davon, dass ich ganz sicher nicht sein Lieber war, wollte ich nun doch etwas geraderücken.

»Mag ja sein, dass du im Bett meines Vaters schläfst. Aber für seine Schuhe bist du leider viel zu klein«, entgegnete ich.

Ich hatte noch nicht einmal ganz ausgesprochen, da knallte es schon in meinem Gesicht – und zwar so laut, dass ich beinahe mehr vom Geräusch erschrak als vom Schmerz an sich. Dieses erbärmliche Surrogat eines Südländers hatte mir tatsächlich eine Ohrfeige verpasst! In einem ersten Reflex schnappte ich mir den Besen, der direkt neben mir auf dem Boden lag, und zog ihm den Stiel, nun ja, quer durchs Gesicht! In diesem Moment war ich mir nicht bewusst, dass ich ihn damit schwer verletzen konnte. Mir platzte einfach nach all den Demütigungen der letzten Zeit der Kragen, und ich sah in dem Holzbesen die einzige Möglichkeit, seinen Angriff auf mich zu erwidern. Erst Jahre später wusste ich, dass dieser Mann nur eine erbärmliche Maus war und meine Reaktion zu massiv ausfiel. Aber damals war es zu spät. Ich war wütend, gekränkt und geschockt, und aufgrund all dieser Gefühle hatte ich dem Kerl aus Versehen ordentlich eine verpasst. Er rannte blutend und heulend von dannen.

Selbstverständlich hatte meine Mutter die ganze Sache aufgrund des Geschreis im Garten mitbekommen. Sie eilte aus dem Haus, sah erst ihren Liebhaber und dann mich. Dann kapierte sie, was soeben passiert war – und ergriff, wie zu erwarten, nicht etwa für ihren jüngsten Sohn Partei, sondern für den Mann, dem sie wie selbstverständlich all das angedeihen ließ, was mein Vater Zeit seines Lebens für uns erarbeitet hatte; kaum dass er unter der Erde lag. Den Bruchteil einer Sekunde später rannte sie zu mir, stürzte sich mit ihrem ganzen Gewicht auf mich und brüllte wie von Sinnen auf mich ein.

»Was hast du gemacht?«, kreischte sie. »Bist du verrückt geworden? Du kleines Miststück!«

Als sie ebenfalls anfing, unkontrolliert auf mich einzuschlagen, kam mein Bruder dazwischen und zog sie mit einigen Mühen von mir weg. Von der Terrasse aus beobachtete der sichtlich eingeschüchterte Volkshochschulkursleiter mit etlichen Metern Sicherheitsabstand die Szene. Als meine Mutter von mir abgelassen und sich zumindest ein wenig beruhigt hatte, wandte sich mein Bruder an ihn.

»Wenn du meinen Bruder noch ein einziges Mal anfasst, dann stecke ich dich in den Gulli!«

Ich war überrascht, dass ausgerechnet er das sagte! Er hatte sich, auch aufgrund seines Alters, wie bereits erwähnt, weitaus besser mit der veränderten Situation arrangiert als ich, hielt im Zweifel immer zu unserer Mutter und nahm auch den neuen Mann in ihrem Leben eher gleichgültig hin. Dass sich aber dieser eigentlich wildfremde Mensch an einem Kind vergriff, das lediglich seinen Papa vermisste, das war offenbar selbst ihm zu viel. Es war das erste Mal, dass mein Bruder für mich Partei ergriff. Leider musste ich schnell feststellen, dass er lediglich bereit war, mich gegen Außenstehende zu verteidigen. Gegen die ständige Willkür meiner Mutter oder seine eigenen Ungerechtigkeiten war ich noch immer schutz- und hilflos. Tja, und das war fortan die Stimmung zu Hause.

Aus diesem Grund zog es mich in jener Zeit mehr und mehr fort von daheim. Ich hatte keinen Bock mehr, jeden Abend brav am Küchentisch zu sitzen wie ein kleiner Bub und in dieser vergifteten Atmosphäre einen auf heile Familie zu machen, während draußen das Leben tobte – dass es das tat, nahm ich jedenfalls schwer an. Also begann ich, kleinere Erkundungstouren in der Gegend zu unternehmen. Wir wohnten ziemlich zentral, wodurch ich es in die berühmte Altstadt nicht besonders weit hatte. Die viel besungene »längste Theke der Welt« war für einen Teenager natürlich einigermaßen spannend, doch meine autarken Ausflüge in Düsseldorfs Kneipenszene dauerten nicht lang. Eines Abends erwischte mich mein Bruder bei einem meiner Spaziergänge durch das Ausgehviertel.

»Das hier ist nix für dich«, sagte er mürrisch, nachdem wir uns zufällig begegneten. »Ich weiß was Besseres, und dort kann ich auch ein Auge auf dich werfen.«

Er erzählte mir von irgendwelchen In-Discotheken und stadtbekannten Nobelclubs, in die er mich als seinen angeblich 17-jährigen Bruder einführen wollte. Ich sträubte mich nicht dagegen, denn das hörte sich ebenso nach einer willkommenen Ablenkung vom tristen Alltag daheim an, und schlussendlich war es mir egal, auf welche Weise ich Mutter und ihrem Freund entfliehen konnte. Seine Motive waren jedoch weniger fürsorglicher, sondern vielmehr materieller Natur:

»Die Läden kannst du dir von deinem Taschengeld zwar nicht leisten. Aber ich übernehme deine Rechnungen. Dafür ziehe ich dir die ganze Kohle später auf Heller und Pfennig vom Erbe ab!«, gab er schon mal die Richtung vor, auf die seine Planung abzielte. Ich nahm das Gerede als Kind nicht ernst, aber er meinte es wirklich so, wie ich viele Jahre später noch bemerken sollte.

Wie gesagt, um mich überhaupt in diese Diskotheken hineinzubekommen, erzählte mein Bruder den Türstehern anfänglich jedes Mal, ich wäre 17, wovon ich freilich noch einige Jährchen entfernt war. Doch es funktionierte! Ich gab mich in Sachen Kleidung und Auftreten so erwachsen wie möglich und wirkte auch rein äußerlich zum Glück längst nicht mehr wie ein Kind. So befand ich mich plötzlich inmitten von lauter Leuten, die gerne und oft Party machten – und teilweise rein altersmäßig beinahe meine Eltern hätten sein können. Das einzig Dumme an dieser Lüge war, dass ich eines Tages auch 18 werden musste, um nicht aufzufliegen – und somit der einzig »Volljährige« weit und breit gewesen sein dürfte, der keinen Führerschein und kein Auto besaß, was natürlich die Attraktivität für die Mädchen, die allesamt bereits um die 25 Lenze auf dem Buckel hatten, deutlich schmälerte. Aber was das betraf, würde meine Zeit sicherlich noch kommen.

Stattdessen verlegte ich praktisch nach und nach meinen Lebensmittelpunkt in die verschiedenen Lokale, die »Sam's« hießen, »New Orleans«, »Regine's« und so ähnlich. Ich machte sogar meine Hausaufgaben dort und störte mich weder an der lauten Musik noch an der für konzentrierte Mathearbeiten zugegebenermaßen etwas mickrigen Beleuchtung. In dieser Phase meines Lebens war ich teilweise an sechs Abenden pro Woche unterwegs. Nur an den Dienstagen musste ich mich erholen, und erfahrungsgemäß war das auch der Tag, an dem am wenigsten los war. Montags dagegen waren die hübschen Frisörinnen am Start, und die wollte ich mir keinesfalls entgehen lassen! Nach einiger Zeit war ich in den Clubs so beliebt, dass man sogar meinen Stammtisch um 10 Zentimeter höherlegte, damit ich meine langen Beine bequem darunterbekam. Für meine eigene weibliche Seite, die ich damals schon tief in meinem Inneren empfand, war dagegen schlichtweg keine Zeit.

Bisweilen kam es während meiner Streifzüge zu kuriosen Begegnungen, auf die ein mehr oder weniger unbedarfter Teenager wie ich nicht unbedingt vorbereitet war. So wie an jenem Abend, an dem ich mich im »Malesh«

mangels freier Plätze an einen Tisch setzte, an dem bereits sechs kräftige und mir völlig unbekannte Kerle saßen. Im Laufe der Unterhaltung bekam ich mit, dass einer von ihnen »Peng« genannt wurde, was ich für einen wirklich merkwürdigen Spitznamen hielt. Immerhin sahen Peng und die anderen recht gefährlich aus, und ich fragte mich, was das wohl für ein Typ war, der bei seiner Umwelt allem Anschein nach Eindruck schinden wollte und sich dennoch von seiner Entourage derart albern rufen ließ! Peng jedenfalls schien an diesem Tag Geburtstag zu haben, denn die anderen stießen oft und immer wieder mit harten Sachen und kübelweise Champagner auf ihn an, bis sie ziemlich einen im Tee hatten – und ich auch, denn obwohl mich keiner kannte und trotz meiner Jugend, wurde ich auf alle Drinks mit eingeladen. Plötzlich, es war schon spät in der Nacht, wusste ich dann auch, woher der seltsame Name kam: Peng nahm, enthemmt wie er war, einen Revolver aus der Tasche und ballerte mit scharfer Munition auf die Discokugel, die oberhalb der Tanzfläche hing und in tausend Einzelteilen herunterfiel. Zu meiner Verwunderung riefen die Betreiber nicht etwa die Polizei oder warfen den Spinner wenigstens hochkant hinaus. Der herbeigeeilte Geschäftsführer beschwerte sich nach einer ersten Bestandsaufnahme stattdessen nur sehr halbherzig über die Ballerei in seinem Laden und zog dann wieder ab.

Weil ich trotz dieses absonderlichen Vorfalls nicht das Weite suchte und auch ansonsten einigermaßen gelassen blieb, machte ich offenbar Eindruck auf die Jungs, die höchstwahrscheinlich zur Haute Vollee der Düsseldorfer Halbwelt zählten. Peng und seine Gang fanden es wohl witzig, dass ein halbwüchsiger Steppke wie ich selbst bei

Schusswaffengebrauch ganz cool an ihrem Tisch saß, und betrachteten mich fortan als eine Art Maskottchen, auf das sie aufpassen konnten. Wann immer mir in der Folge irgendeine Art von Unheil drohte, konnte ich mich darauf verlassen, dass einer der Bande zur Stelle war und mir Schutz gewährte. Selbst als ich während einer gemeinsamen Feier einmal zu tief ins Glas geschaut hatte und versehentlich zwei anderen grobschlächtigen Gestalten auf dem Weg zum Klo ihre hellen Anzüge vollkotzte, bewahrten mich Pengs Männer vor der fälligen Tracht Prügel. Stattdessen gingen die beiden armen Teufel notgedrungen nach Hause, um ihre teure Designerkleidung von meinem Mageninhalt zu befreien.

Trotz meiner Bodyguards hatte ich plötzlich ein ganz anderes Problem: Meine werte Mutter ließ mir über einen von ihr bestellten Vermögensverwalter den Zugang zu meinen Konten sperren, was eigentlich nicht erlaubt, ihr aber vollkommen egal war. Der beste Freund meines verstorbenen Vaters besorgte mir zwar einen Anwalt, der die Sache in meinem Sinne regeln sollte. Bis es so weit war, saß ich jedoch finanziell auf dem Trockenen. Ich brauchte folglich eine andere Einnahmequelle, wollte ich auch weiterhin so umfänglich feiern gehen, und mir kam eine Idee: Ich hatte schon länger mitbekommen, dass in manchen der Lokale, in die wir immer ausgingen, tatsächlich Schach um Geld gespielt wurde. Ich wunderte mich zwar über diese unspektakuläre Form des Wettkampfes, aber nun gut: Das Spiel lag mir, Papa sei Dank, schon seit früher Kindheit, und so verdiente ich mir gelegentlich die ein oder andere Mark dazu, wenn ich einen der Anwesenden, die mich allesamt nicht allzu ernst nahmen, innerhalb von wenigen Minuten matt setzte.

Reich werden konnte man mit Schach allerdings nicht – die Einsätze lagen selten über fünfzig Mark, und eine Partie zog sich schon mal stundenlang hin. Insofern traf es sich gut, dass damals ein anderes Brettspiel immer stärker in Mode kam, bei dem der Jackpot ungleich höher ausfiel – Backgammon! Diese Entwicklung war von Prominenten wie Jimmy Connors, Gunther Sachs oder Hugh Hefner losgetreten worden, die sich in der Klatschpresse als leidenschaftliche Backgammon-Spieler inszenierten und gerne damit angaben, um welch hohe Summen sie regelmäßig zockten. Der Nachteil für mich bestand lediglich darin, dass ich von Backgammon keinerlei Ahnung hatte. Notgedrungen musste ich mir, bevor ich mich an diese Tische wagte, also erst alle Regeln dieses Spiels aneignen. Und dann die Tricks und Kniffe. Also marschierte ich ohne Zögern in die Friedrichstraße, wo sich das »Buchhaus Stern-Verlag« befand, eine der größten Buchhandlungen der Stadt – und kaufte alles, was ich an Literatur zu diesem Thema finden konnte. Außerdem schaffte ich mir einen Stapel karierte Blöcke an. So ausgestattet, setzte ich mich zu Hause hin und begann mein persönliches Backgammon-Studium.

Mir war klar, dass nur ein Teil dieses Spiels auf Glück basierte. Ein mindestens genauso großer Teil aber beruhte auf schlichter Mathematik – und genau hier setzte ich an. Rein fachlich gesehen handelte es sich bei Backgammon um ein Nullsummenspiel mit perfekter Information. Das bedeutete im Klartext, dass beide Mitspieler alle bisher getroffenen Entscheidungen kannten und folglich auch für sich bewerten konnten – anders als beim Skat oder beim Poker, wo man nur von seinen eigenen Karten wusste, die man auf der Hand hatte. Hier aber konnte man, wenn man nur tief genug in Wahrscheinlichkeitsrechnungen und Algorithmen einstieg, einige Vorteile für sich herausholen, die sich weitgehend kalkulieren ließen. Nach einigen Wochen intensiven Übens fühlte ich mich ausreichend präpariert.

»Was machen Sie denn da?«, stellte ich mich dumm, als ich wieder in eines unserer Stammlokale zurückkehrte und zwei Männern beim Backgammon-Duell zusah.

»Siehst du doch«, brummte einer der Spieler. »Wir spielen Tipp Kick.«

»Darf ich mal mitmachen?«, fragte ich und machte einen möglichst naiven Gesichtsausdruck.

»Kannst du das denn überhaupt, mein Junge? Das ist aber nicht so einfach wie Mau Mau«, lautete die Antwort eines der beiden Herren, der mich ganz offensichtlich nicht für voll nahm. Mein Plan ging also auf.

»Na ja, ein ganz kleines bisschen kann ich's schon«, log ich. »Aber nur ein paar Züge, mehr nicht. Ich kann's ja mal probieren, wenn Sie mich mitspielen lassen«, sagte ich und freute mich insgeheim schon auf das Gesicht meines Kontrahenten.

»Es geht hier aber um Kohle«, mahnte mich mein Gegenüber und grinste. »Nicht, dass du noch dein schönes Taschengeld verlierst.«

»Och, das ist kein Problem«, druckste ich künstlich herum.

Und dann war ich im Spiel!

Zunächst brachte ein Punkt eine Mark, was bedeutete,

dass ein schnelles Spiel schon mal zwölf DM einbringen konnte. Danach ging es rasant weiter. Dank des von mir sehr geschätzten Dopplerwürfels waren bis zu 256 Mark pro Match drin, die ich mir auf diese Weise verdienen konnte. Es war verrückt, aber: Aus irgendeinem schicksalhaften Grund verlor ich kein einziges Spiel! Vielleicht meinte ja jemand im Himmel, dass ich anderweitig bereits genug gestraft sei, und wollte einen Ausgleich dafür schaffen. Als die restlichen Spieler bemerkten, wie gut ich wirklich war, erhöhten sich die Einsätze. Die einen wollten sich ihr Geld zurückholen, und die anderen fühlten sich in ihrem Ehrgeiz herausgefordert. Irgendwann ging es um zehn Mark pro Punkt, und die Gewinne schraubten sich in astronomische Höhen. Ich hatte keine Ahnung, ob das alles legal war oder nicht. Manchmal trafen wir uns ganz offiziell vorne an den Tischen, zu Wettbewerben, die öffentlich ausgeschrieben waren und die immer auch eine stattliche Anzahl an Zuschauern anzogen. Und ab und zu verzogen wir uns auch in die Hinterzimmer, wenn nicht jeder mitbekommen sollte, um wie viel Zaster es ging. Meine Familie hatte von meinem kleinen Nebenerwerb derweil keine Ahnung, und das war auch besser so. Meine Kriegskasse aber war ab diesem Zeitpunkt immer gut gefüllt.

Trotz dieser willkommenen Ablenkung und des unerwarteten Geldsegens hatten mir die gesamten anderen Umstände so zugesetzt, dass ich vor lauter Magenschmerzen nicht mehr schlafen konnte. Ich hatte auch Schmerzen, wenn ich aufstand, Schmerzen, wenn ich in die Schule musste, und Schmerzen, wenn ich von dort wieder zurückkam. Als ich es gar nicht mehr aushielt, ging ich zum Arzt.

»Du hast ein Magengeschwür«, sagte der Doktor nach einer eingehenden Untersuchung und sah mich so ernst wie erstaunt an, denn mit 14 oder 15 Jahren litten seine anderen Patienten eigentlich nicht an dieser Managererkrankung.

Mir war vollkommen klar, was die Ursache für das Geschwür gewesen war. Dennoch überraschte mich diese Diagnose, die ich bis dahin nur bei alten Menschen verortet hatte. Es bestand kein Zweifel: Meine eigene Familie, beziehungsweise das, was aus ihr geworden war, machte mich mittlerweile sogar physisch krank! Immerhin ließ mich der Lover meiner Mutter seit der Besenstiel-Attacke weitgehend in Ruhe. Mir war klar geworden, dass der Mann nichts weiter war als eine erbärmliche kleine Maus, die sich erst frech in mein Leben zu drängen versuchte und nun regelrecht Angst vor mir hatte, was jedoch der allgemeinen Gemütslage auch wiederum nicht zuträglich war. Im Gegenzug wuchs nämlich der Druck, den meine Mutter auf mich ausübte.

Aus diesem Grund war ich einige Zeit darauf auch ehrlich erstaunt, als sie unmittelbar vor dem nächsten unserer Ferienaufenthalte in Torre del Mare signalisierte, bei guter Führung meinem Wunsch nach einem Motorrad stattzugeben. Ich interessierte mich schon einige Zeit brennend für diese Art des Motorsports, verfolgte die Rennen im Fernsehen und schaute auf zu diesen tollkühnen Kerlen, die beinahe waagrecht in den Kurven lagen und mit einem Affenzahn waghalsige Überholmanöver starteten. Insofern war es nur logisch, dass ich auch irgendwann einmal auf solch einer Maschine sitzen wollte – und das Gerät, das meine Augen am stärksten zum Leuchten brachte, war jene

Itom, auf der mein Idol, der aktuelle Mehrfachweltmeister Mike Hailwood, seine Karriere einst in der 50 Kubikzentimeterklasse begann! Die Itom sah auf den ersten Blick vergleichsweise harmlos aus, war aber auf der Rennstrecke eine Waffe, die es trotz ihrer geringen Kubikzahl und der Leichtbauweise auf sagenhafte 180 Stundenkilometer bringen konnte. Selbstverständlich wusste ich, dass es völlig illusorisch war, dass ich mich in absehbarer Zeit auf einem solchen Wahnsinnsteil wiederfinden würde – ich hatte kein Geld, keine Fahrstunden und vor allem keine Ahnung von einem solchen Geschoss, das ja auch überhaupt nicht für den Straßenverkehr gedacht war.

Als ich wenige Wochen später den Transporter mit dem Schriftzug »Vespa« auf der Seite sah, der sich vor unserem Ferienhaus, das knapp hundert Meter oberhalb des Meeres lag, die enge Steigung hinaufschob, traute ich meinen Augen nicht. Hatte mir meine Mutter tatsächlich einen Roller gekauft? Eine solch großzügige Geste traute ich dieser mir gegenüber durch und durch geizigen Frau gar nicht zu. Aber womöglich hatte sie wegen des Italo-Idioten, den sie mir unvermittelt vor die Nase setzte und der uns auch im Urlaub nicht von der Pelle wich, doch noch den Funken eines schlechten Gewissens. Ein weiterer Blick aus dem Fenster beseitigte alle meine Zweifel: Der Lieferwagen hielt direkt vor dem Haus, und zwei Männer stiegen aus, um ein verpacktes Zweirad von der Ladefläche zu bugsieren, das sicherlich weder für meine Mutter noch für meinen Bruder gedacht gewesen sein konnte, die beide ein Auto besaßen.

Die beiden Männer luden jedoch keine Vespa ab. Es war eine Renn-Itom, wie sie auch »Mike the Bike« fuhr.

Das konnte nur ein Traum sein, dachte ich und blickte sicherheitshalber ein zweites Mal in unsere Einfahrt! Aber es war kein Traum – es war der Oberhammer! Nachdem ich mich bei meiner Mutter ausgiebig bedankt hatte, war mir sofort klar, dass ich als noch nicht einmal 13-Jähriger damit ordentlich Probleme bekommen konnte, wenn ich mit dieser Rakete den Carabinieri auffallen würde. Allerdings zeigte sich mein Bruder ausnahmsweise von seiner kreativen Seite und zauberte ein deutsches Mofa-Nummernschild hervor, das er umgehend an die Itom schraubte. Damit sah das Ding, obwohl es keine Straßenzulassung besaß, verhältnismäßig offiziell aus, und weil ich auf jeden Fall älter wirkte, als ich war, sollte die Sache schon gut gehen.

Natürlich musste ich mein Geschenk umgehend ausprobieren. Meine Mutter ermunterte mich sogar dazu, und so gab ich mir alle Mühe, die Maschine zunächst überhaupt einmal anzulassen. Nach zahlreichen Fehlversuchen, bei denen abwechselnd mein Bruder und ich den Motor blamabel abgewürgt hatten, kam mir eine Idee. Wenn ich den Hügel ein Stück bergab fuhr und dann den ersten Gang reinklopfte, würde das Ding schon anspringen. Es haute mich zwar fast aus dem Sitz, aber es klappte.

Und ab diesem Augenblick fuhr ich Motorrad. Weil ich die nächste Zeit nichts anderes mehr machte und Gott anscheinend meine Hände so formte, dass sie perfekt auf einen Lenker passten, brachte ich mir sämtliche Fahrkünste schnell voll und ganz autodidaktisch bei: Ich begriff, dass man in den Kurven der staubigen Strecken rund um unser Ferienhaus die Vorderbremse nicht bedienen sollte und schon gar nicht abrupt. Ich lernte, dass man bergauf nicht beschleunigen und gleichzeitig hübschen Mädchen am Straßenrand zuwinken durfte. Auf gut Deutsch: In den ersten Tagen lag ich laufend auf der Fresse. »Learning by Doing« im wahrsten Sinne des Wortes! Und ich gewöhnte mir ab, das Knie so nah zum Asphalt zu bringen, wie Mike Hailwood es in Monza oder Silverstone praktizierte. Mein Schutzengel hatte wirklich Stress in diesen Tagen, in denen ich mein Glück kaum fassen konnte. Da machten mir auch die Schürfwunden im Gesicht oder an den Beinen nichts aus – und auch nicht die Narben, die mir ein Leben lang bleiben sollten.

Erst viel später begriff ich, was es mit dem Geschenk in Wirklichkeit auf sich hatte. Meine Mutter war zwar gemein, aber nicht dumm. Ohne Frage war sie sich darüber im Klaren, dass sich ein Kind mit keinerlei Fahrpraxis auf einer solchen Temposchleuder in Lebensgefahr begab. Doch anstatt mich mit mütterlicher Fürsorge und der gebotenen Vorsicht zu zügeln, animierte sie mich förmlich, erst recht Gas zu geben. Diese Itom sollte, davon bin ich überzeugt, den kleinen Alexander wenn schon nicht umbringen, dann doch zumindest im wahrsten Sinne des Wortes aus der Bahn werfen. Ein Schlüsselbeinbruch, eine Schultereckgelenksprengung oder eine ähnlich schlimme Verletzung hätten mich zumindest für die nächste Zeit ruhiggestellt. Da ihr Treiben meinen Bruder deutlich weniger interessierte als mich und er auch oftmals nicht da war, wäre ihr in meinen Augen nach wie vor unstatthaftes Liebesleben erstmal deutlich unkomplizierter gewesen als mit mir im Schlepptau.

Aber diesen Gefallen tat ich ihr nicht. Ich fuhr bald besser Motor- als Fahrrad. Zwar fiel ich gelegentlich hin. Aber ich klopfte mir jedes Mal den Staub aus der Jacke – und stand wieder auf!

Meine positive Grundeinstellung verhinderte, dass ich über einen längeren Zeitraum hinweg unglücklich war. Sicher, mein Vater fehlte mir an allen Ecken und Enden, das Verhältnis zu meiner Mutter blieb – gelinde gesagt – schwierig, und das Tischtuch zwischen mir und dem Aushilfscasanova war zerschnitten. Aber ich konnte mich auch ganz gut alleine beschäftigen, und die Zeit in Torre del Mare half mir über den allergrößten Kummer hinweg. Wenn ich nicht auf der Itom herumfuhr, dann ging ich tauchen. Auch alle hierfür erforderlichen Gerätschaften kaufte mir meine Mutter, ohne mit der Wimper zu zucken – und wieder passte mein bemitleidenswerter Schutzengel gut auf mich auf. Es gab weit und breit keine Tauchschule, in der ich die Grundzüge dieses Vergnügens lernen konnte, und so ging ich vollkommen unbefangen und unerfahren ins tiefe Wasser und wunderte mich manchmal selbst, dass ich auch wieder auftauchte.

Außerdem verfügte ich in Italien seit etlichen Jahren über einen großen Freundeskreis, der hauptsächlich aus Urlauberkindern bestand, die mit ihren Eltern jedes Jahr zur selben Zeit wiederkamen. Und eben dieser Freundeskreis bescherte mir denn auch meine erste sexuelle Erfahrung.

Patricia war eine dunkelhaarige, rassige Spanierin, süße 17 – und somit deutlich älter als ich! Eigentlich war sie in festen Händen, die wiederum zu ihrem 19-jährigen Freund gehörten. Aber der Kollege machte sich keine große Mühe, sein Territorium zu verteidigen, sondern zog sich schmollend zurück, nachdem er mitbekommen hatte, dass seine Señorita und ich uns sehr gut verstanden. Angesichts dessen konnte ich leider keine Rücksicht auf die Befindlichkeiten meines volljährigen Konkurrenten nehmen. Der einzige Hinderungsgrund, der einer leidenschaftlichen Urlaubsliebe jetzt noch im Weg stehen konnte, war die Tatsache, dass Patricia sich sicherlich nicht mit einem Kind einlassen wollte. Aber nachdem sich schon die lokale Polizei von mir täuschen ließ, war es kein großes Problem, auch meine Angebetete davon zu überzeugen, dass ich altersmäßig mit ihr in derselben Liga spielte.

Patricias Eltern stammten aus einem alten kastilianischen Adelsgeschlecht und hielten mich mehr oder weniger für einen deutschen Proleten. Ihr Vater bekundete sein Missfallen über den nichtswürdigen Männergeschmack seiner Tochter bei jeder sich bietenden Gelegenheit und ließ mich gerne spüren, dass er mich in etwa genauso gut leiden konnte wie General Franco, der sämtliche Autonomiebestrebungen Kastiliens daheim in Spanien im Keim erstickte. Um mir eins auszuwischen, lud er mich eines schönen Abends zum gemeinsamen Familiendinner in ein vornehmes Gartenrestaurant in der Nähe ein, das ich bis dahin nicht kannte. Eingangs erzählte der Padre scheinheilig etwas von einem feierlichen Anlass, der unbedingt adäquat begangen werden müsse, und ich sah sorgenvoll zu Patricia herüber, der ebenfalls nicht wohl bei der Sache war. Als der Kellner die Bestellung aufnahm, fragte mich der Gastgeber, ob ich Lust auf Hummer hätte, was ich in meiner schieren Not bejahte. Ich wollte ja nicht unhöflich sein.

Kurz darauf blickte ich auf ein unförmiges Teil, das da rot, heiß und vor allem total unpräpariert vor mir auf dem Teller lag – und wusste jetzt, worauf der Alte hinauswollte: Er wollte mich vor der versammelten Mannschaft und damit auch vor seiner Tochter bloßstellen. Niemand sonst am Tisch hatte sich einen Hummer bestellt, und alle anderen Gäste an der Tafel sahen mich erwartungsvoll an. Nachdem das Familienoberhaupt der Runde ein fröhliches »Buen Provecho« entgegengerufen hatte, begannen die anderen zu essen. Ich dagegen hatte nicht einmal den Hauch einer Ahnung, wie ich das Ding unfallfrei öffnen, geschweige denn verspeisen sollte. Ich blickte mich hilflos um, der Schweiß lief mir vorne und hinten das Hemd hinunter – da entdeckte ich gegenüber, beinahe uneinsehbar hinter einer Pinie, einen älteren Herrn, der meine missliche Lage anscheinend mitbekommen hatte und der ebenfalls einen Hummer aß. Er zwinkerte mir mit dem linken Auge zu und begann, sein Exemplar in Zeitlupentempo zu sezieren. Ich versuchte, mir seine Bewegungen so unauffällig wie möglich abzuschauen, und die Augen von Patricias Vater wurden immer größer. Dank der fachkundigen Fernschulung schaffte ich es tatsächlich, mich nicht zu blamieren. Am Ende des Abends klopfte mir der knorrige Kastilianer sogar anerkennend auf die Schulter, und einer Liebesnacht mit Patricia stand nichts mehr im Wege. Angesichts meiner erfolgreichen Mannwerdung lohnte sich die Ausgabe für den großen Blumenstrauß, den ich am nächsten Tag im Lokal für meinen Retter hinterließ, doppelt und dreifach. Nachdem ich das erste Mal mit einer Frau geschlafen hatte, stand für mich fest: Daran konnte ich mich gewöhnen!

Doch die schöne Zeit in Torre del Mare entsprach leider nicht dem Alltag. Weil sich das Verhältnis daheim nicht mehr normalisierte, zog ich mit gerade einmal 15 Jahren einen Schlussstrich – und von zu Hause aus. Für andere Erziehungsberechtigte wäre mein Alter sicherlich ein Grund gewesen, mich angesichts meines vehementen Wunsches nach einer eigenen Wohnung für verrückt zu erklären. Aber meine Mutter war nur froh, mich permanenten Störfaktor, als den sie mich empfand, endlich von der Backe zu haben. Und für mich bedeuteten die eigenen vier Wände auch das Mehr an Intimsphäre, das ich mir sehnlich wünschte. Denn mit meinen zwei Barbiepuppen allein ließ sich jenes seltsame Gefühl nicht mehr kompensieren, das mich bereits einige Jahre beschlich – und das einen immer größeren Raum in meinem Leben einnahm. Ich konnte diese verwirrenden Emotionen nicht einordnen. Aber es schien etwas zu geben, das tief in meinem Inneren verborgen war – und das mich von anderen Jungen unterschied.

Als mein Vater noch lebte, pflegten meine Eltern gerne auszugehen. Das war mir lange herzlich egal gewesen, aber eines schönen Abends, als sie unser Haus mal wieder in Richtung Theater verlassen hatten, machte ich mich auf zum Schrank, in dem meine Mutter ihre vielen Jacken und Mäntel aufbewahrte. Meine Wahl fiel auf einen dezent hellbraunen, herrlich weichen und recht schmal geschnittenen, langen Nerz, den ich mir umgehend überzog. Ich stellte mich vor den Spiegel und guckte mich an. Und ich sah: einen etwa zehnjährigen Buben in einem edlen Damenpelz, der bis zum Boden reichte. Wohl jeder gleichaltrige Geschlechtsgenosse hätte bei diesem Anblick einen Lachkrampf bekommen oder sich befremdet weggedreht. Ich aber konnte nicht anders – und guckte minutenlang auf mein Spiegelbild, das mir auf eine nicht näher erklärbare Weise außerordentlich gut gefiel und sich keineswegs irgendwie falsch anfühlte.

Von da an gehörte dieses Ritual zu meinem Leben dazu: Gingen meine Eltern außer Haus, wartete ich ein paar Minuten, um sicherzugehen, dass sie nicht plötzlich zurückkamen, weil sie etwas vergessen hatten. Dann holte ich den Nerz aus dem Schrank, zog ihn an und bewunderte mich darin ausgiebig von allen Seiten. Auf die anderen Klamotten meiner Mutter, die in ihren diversen Schränken zu hunderten herumhingen, hatte ich erstaunlicherweise keinen Bock, was aber wohl weniger an den Sachen an sich lag, sondern mehr an der Abneigung, die ich meiner Mutter gegenüber verspürte. Außerdem fand ich, dass sie keinen besonders guten Modegeschmack besaß. Vieles von dem Zeug, das sie kaufte, war einfach potthässlich.

Ich ahnte natürlich, dass irgendetwas an mir anders war. Aber ich wusste nicht, was das sein konnte. Natürlich hatte ich schon von Homosexualität gehört. Aber ich war nachweislich nicht schwul, denn ich war ein Junge und mochte Mädchen sehr – und das nicht erst seit dem im wahrsten Sinne des Wortes erhebenden Erlebnis mit meiner rassigen spanischen Urlaubsliebe, die Jahrzehnte später aus allen Wolken fiel, als sie bei einem zufälligen Wiedersehen erfuhr, wie alt ich damals wirklich war. Auch wenn man sich das heute, wo man bequem vom heimischen Computer aus innerhalb weniger Klicks umfassende Antworten auf wirklich alle noch so bizarren Fragen des Lebens erhält, kaum noch vorstellen kann: Es gab leider weit und breit rein gar keine Quellen, worin ich mich über dieses Phänomen informieren konnte. Ich konnte niemanden darüber befragen, weil ich keinen einzigen Menschen kannte, der mich auch nur ansatzweise verstanden hätte. Und ich konnte genauso wenig einfach in die Stadtbibliothek hineinmarschieren und mir bei der alten Bibliothekarin ein Buch ausleihen, in dem es um Knaben ging, die gerne den Pelzmantel ihrer Mutter trugen.

Alles in allem war es ein recht bescheuertes Versteckspiel, das ich in jener Zeit aufführte. Schließlich musste ich stets auf der Hut sein, damit mich meine Eltern nicht erwischten, wenn sie aus der Oper oder von sonst woher zurückkamen. So gern mich mein Vater auch mochte – auf diese Weise hätte er seinen jüngsten Sohn ganz sicher nicht erblicken wollen, dazu stammte er aus einer zu unaufgeschlossenen Zeit. Also wurde ich erst nach seinem Tod etwas mutiger, was meine heimliche Leidenschaft betraf.

Bei einem unserer folgenden Ferienaufenthalte in Torre de Mare machte ich mich mit meiner Itom auf den Weg die Küstenstraße entlang. Ich fuhr die rund zehn Kilometer hinüber nach Savona und überlegte kurz. Es gab eine Menge billiger und auch einige teure Boutiquen hier, in denen Einheimische und Feriengäste nach Herzenslust Klamotten einkaufen konnten – immerhin fuhren von hier aus die Fähren nach Korsika ab, was die Innenstadt zu einer großen Shoppingzone mit regem Betrieb machte. Doch ich hatte Angst, dass mich irgendwo unter den tausenden Menschen, die hier herumwuselten, jemand erkannte. Und wie hätte ich einem Bekannten erklären sollen, dass ich gerade einen Ständer voller Frauenkleider durchsah?

Erst nach 35 Kilometern, in einer kleinen Ortschaft abseits der Touristenströme, fühlte ich mich einigermaßen sicher. Trotz dem ich hier niemanden vermutete, der mich identifizieren konnte, versteckte ich meine auffällige Rennschleuder mit dem deutschen Mofakennzeichen in einer dunklen Gasse und machte mich auf die Suche nach einem geeigneten Accessoire für meine andere Seite. Nach einigen Minuten vergeblichen Suchens entdeckte ich in einem winzigen Laden einen herrlichen Minirock aus Wildleder, in den ich mich sofort verliebte. Die Größe musste ich grob abschätzen, denn eine Anprobe im Geschäft war eher nicht drin. Allerdings hatte ich mich vorab ein bisschen mit der Materie auseinandergesetzt und wusste, dass bei italienischen Damengrößen andere Werte angesetzt wurden als bei den deutschen. Was zu Hause eine 36 war, war hier eine 40, aus einer deutschen 38 wurde eine 42 und so weiter. Da ich in den Hüften auch zu jener Zeit schon superschlank war, entschied ich mich für eine kleine 38, was einer deutschen 34 entsprach. Der sicherlich stockkatholische und erzkonservative Ladenbesitzer sah mich zwar leicht schräg an. Aber der Rock konnte genauso gut ein Geschenk für meine etwas zu wohlgenährte Freundin sein.

Die Freude über den Kauf war jedoch nur von kurzer Dauer, denn anziehen traute ich mich meinen ersten eigenen Rock in unserem Ferienhaus dann doch nicht. Es galt nun, das Ding irgendwie in meinem Gepäck zu verstecken und es unauffällig nach Deutschland zu bringen. Das hörte sich in der Theorie leichter an, als es in der Praxis war: Damals gab es noch recht akribische Grenzkontrollen, und es konnte gut sein, dass man am Brenner vor einem besonders gewissenhaften Zöllner seinen kompletten Kofferinhalt ausleeren musste – und das nicht nur, wenn man unter den Verdacht geraten war, in Italien zu viel günstigen Wein oder zu viel günstige Zigaretten eingekauft zu haben, sondern auch, weil mancher Grenzbeamte sich einfach nur wichtig machen wollte. Nicht auszudenken, wenn vor den

Augen der deutschen Obrigkeit sowie meiner wenig toleranten Mutter zwischen lauter gewöhnlicher Teenagerkleidung ein enger Lederrock zum Vorschein gekommen wäre. Aber der Schmuggel gelang, und ich bugsierte meine textile Errungenschaft schnell in den hintersten Winkel meines Schrankes.

Natürlich war dieses kleine Doppelleben, das ich nun führte, auf Dauer irrsinnig anstrengend. Die eigene Wohnung, die mir meine Mutter nach kurzer Diskussion zugestand, war also Gold wert. Sie gehörte ohnehin unserer Familie, und weil der Vormieter praktischerweise ausgezogen war, hatte ich nun ein Zimmer, eine Küche und ein Bad nur für mich – und für mein geheimes Bedürfnis. Hinterfragen konnte oder wollte ich das Ganze damals nicht. Das lag auch daran, dass ich noch eine weitere Baustelle hatte, die mich sehr viel Energie kostete: Meine Schulzeit war kurz zuvor höchst unbefriedigend zu Ende gegangen. Ich wurde zwar von den Quertreibern auf dem Gymnasium nach meiner spektakulären Stahlpumpenaktion einigermaßen in Ruhe gelassen. Papas Tod und die unerträgliche häusliche Situation aber hatten bei mir in der Folge eine gewisse innere Verweigerungshaltung ausgelöst, die dazu führte, dass ich im Unterricht nicht mehr aufpasste und mich auf alles Mögliche konzentrierte, nur nicht auf den Lernstoff. Ich war nicht bei der Sache, lehnte mich gegen meine Lehrer auf und tat alles dafür, mich unbeliebt zu machen. Natürlich erodierten meine Noten – und anstatt wie vorgesehen ein anständiges Abi zu machen, ging ich mit einer mäßigen mittleren Reife ab.

Damit war erst mal der Plan passé, ein Elektrotechnik-Studium beginnen zu können. Das aber brauchte ich eigentlich, um später mal wie vorgesehen in die Firma meines Vaters einzusteigen, in der mein Bruder bereits arbeitete. Und ganz wollte ich ihm das Feld nun auch nicht überlassen! Also begann ich schweren Herzens eine Lehre als Elektriker. Doch diese Ausbildung stand von Anfang an unter keinem guten Stern. Immerhin konnte ich notgedrungen in meinen Lehrvertrag den Passus einbauen lassen, keine Arbeiten auf einem Dach, an einer Laterne oder ähnlich exponierten Dingen ausführen zu müssen: Ich war und bin absolut nicht schwindelfrei! Nicht nur diese Klausel aber passte meinem Chef nicht, und nicht nur deshalb passte mein Chef mir nicht.

»Na, Klein, bleib du mal lieber schön am Boden, bevor du noch wo runterfällst«, war seine Standardansage, wenn es wieder etwas zu reparieren galt, was sich mehr als einen halben Meter über Straßenniveau befand.

Das ging eineinhalb Jahre lang so, inklusive zahlloser anderer Hänseleien, dummer Sprüche und sonstiger Unverschämtheiten, mit denen er mich tagtäglich aufs Neue aufzog – bis ich die Faxen dicke hatte. An diesem Tag mussten wir auf einer Großbaustelle im Düsseldorfer Seestern, einem nagelneuen Gewerbegebiet am Rhein, das gerade entstand, die Lampen an einem Baukran kontrollieren und auswechseln.

»Is' hoch das Ding, ne?«, ätzte mein Chef wie üblich. »Nix für dich kleinen Feigling.«

Feigling? Jetzt reichte es mir. Niemand nannte mich einen Feigling! Ich schnappte mir mein Werkzeug und kletterte den Kran nach oben. Die ersten zehn Meter waren kein Problem, nach weiteren zehn Metern wurde mir dann doch etwas mulmig, und als ich ungefähr grob geschätzte 30 Meter unter mir meinen verdutzten Vorgesetzten sah, realisierte ich, dass ich mich erst gut auf halber Höhe befand. Aber umkehren kam für mich nicht in Frage. Ich musste das jetzt durchziehen, sonst sah ich in dieser Lehre kein Land mehr! Oben angekommen, robbte ich mich langsam ganz nach vorne auf dem Ausleger zu der Stelle vor, an der die Lampe ausgetauscht werden musste. Der Kran zog währenddessen schwerste Betonlasten, was für mich bedeutete, dass sich der Ausleger ständig um mehrere Meter hob und senkte. Mein Schraubenzieher rutschte dabei langsam aus der Brusttasche meiner Arbeitshose, und ich sah dem Ding hinterher, wie es langsam zu Boden trudelte.

Ein-und-zwan-zig, zwei-und-zwan-zig, dachte ich, und da erst wurde mir wirklich klar, wie scheißhoch das hier war. Fünf-und-zwan-zig, sechs-und-zwan-zig.

Dann war der Schraubenzieher unten. Der nächste Moment, an den ich mich erinnerte, war, dass ich mit zitternden Beinen und schweißgebadet wieder auf dem Asphalt stand und mir überlegte, ob ich nun in Ohnmacht fallen oder mich lieber übergeben sollte. Ich hatte wirklich keinen blassen Schimmer, wie ich von diesem Mörderteil wieder heruntergekommen war. Aber irgendwie hatte ich es geschafft. Es war ein Wunder! Nun wollte ich nur noch nach Hause, bevor ich hier vor aller Augen kollabierte. Mein Chef sah mich irritiert bis böse an, ich aber schleppte mich wortlos zu meinem kleinen Ford, den ich seit einigen Wochen besaß, stieg ein und fuhr los. Ich sah den Wagen nicht, der zwei Straßen weiter aus einer Firmeneinfahrt herausschoss und mir voll in die Seite fuhr, aber ich musste ihn auch nicht sehen, denn ich hatte Vorfahrt. Ich hörte noch einen riesigen Knall, spürte einen stechenden Schmerz – und dann wurde mir schwarz vor Augen.

Ich bekam erst wieder mit, dass mich ein Rettungswagen ins Krankenhaus brachte. Es handelte sich um einen echt beschissenen Tag, so viel stand fest, und er wurde nicht besser, als mir in der Klinik wegen eines akuten Schleudertraumas eine Halskrause verpasst wurde. Als ich zwei Stunden später vollkommen durch den Wind endlich wieder zu Hause war, rief ich meinen Meister an.

»Ich glaube, ich falle ein paar Tage aus«, sagte ich mit letzter Kraft.

»Das könnte dir so passen, Klein«, bellte er zurück. »Wie stellst du dir das vor. Weißt du eigentlich, was wir noch alles zu tun haben?«

»Ich hatte einen Unfall. Ich war im Krankenhaus. Ich hab' ein Schleudertrauma«, stammelte ich, und auch wenn ich grundsätzlich hart im Nehmen war, ging es mir wirklich gar nicht gut.

»Selber Schuld, was kletterst du auch auf den beschissenen Kran, ich hab' dir doch gesagt, dass das nix für dich ist«, keifte er, und ich legte auf.

Natürlich gab er sich damit nicht zufrieden. Kurze Zeit später läutete mein Telefon.

»Klein, was ist los mit dir? Ich hab' in der Klinik angerufen, die wissen überhaupt nix von einem Unfall!«, schrie er mich an.

Unabhängig davon, dass es in Düsseldorf ungefähr ein halbes Dutzend Krankenhäuser mit Notaufnahme gab, wusste ich keinen Ausweg mehr. Ich hatte Schmerzen und fühlte mich nicht nur wegen des heftigen Aufpralls hundeelend, sondern auch, weil mir klar war, dass das Verhältnis zwischen mir und meinem Boss nach der Kran-Nummer nachhaltig zerstört war. Auch wenn ich schon zwei Drittel meiner Lehrzeit absolviert hatte, würde ich das kommende Jahr kaum noch überstehen. In diesem Augenblick machte ich etwas, was ich sonst nie machte: Ich bat meinen Bruder, mir zu helfen. Er war zwar nicht begeistert von meiner Idee, aber er tat mir den Gefallen: Er rief bei meinem Chef an – und kündigte für mich.

Dass das kein überstürzter Schritt war, der mir später leidtun würde, sondern eine sehr weise Entscheidung, stellte sich keine drei Monate später heraus. Da war mein feiner Lehrherr von einem Tag auf den anderen mit allem Bargeld, was er irgendwie noch zusammenraffen konnte, und seiner jugoslawischen Frau in deren Heimat abgehauen. Er hatte wohl eine Menge krumme Dinger gedreht und außer einem Sack voll Schulden auch ordentlich verbrannte Erde hinterlassen. Insofern traf es sich wirklich gut, dass ich mit dem Laden nichts mehr zu tun hatte und mir zum Abschied noch alle meine Papiere sowie ein anständiges Zeugnis aushändigen ließ.

Aber es musste für mich selbstverständlich ebenfalls irgendwie weitergehen. Nichts zu tun – das war auf alle Fälle keine Option! Nach den zwei verhältnismäßig vergeudeten Jahren kam ich zu dem Schluss, dass die Schule an sich doch gar nicht so doof war, wie sie mir eine Zeitlang vorkam. Also riss ich mich am Riemen, putzte mir den Mund ab und fing wieder an, zu lernen; diesmal auf der höheren Handelsschule in Düsseldorf. Ich war sogar bereit, für meine zweite Schulkarriere wirklich große Opfer zu bringen, und trennte mich von meiner damaligen Freundin Barbara, die ich mit einem Freund verkuppelte – nur, um mich voll und ganz auf das Abitur konzentrieren zu können, das ich schlussendlich dank einer Menge Disziplin mit einem Einserschnitt schaffte. Und das trotz des blöden Steno, mit dem ich aufgrund eines durch einen Eishockeyunfall kaputten Handgelenks von Beginn an auf dem Kriegsfuß stand. Am Sportunterricht indes nahm ich gar nicht erst teil: Mein Hausarzt sorgte netterweise dafür, dass ich dank eines Attestes wegen diverser orthopädischer Schäden eine umfängliche Befreiung bekam. Sonst wären meinen Mitschülern noch meine Beine aufgefallen, die ich seit einiger Zeit mit großer Freude fein säuberlich von allen Körperhaaren befreite. Und das musste ja nicht sein!

In meiner kleinen Wohnung richtete ich es mir unterdessen so gemütlich wie irgendmöglich ein. Das wichtigste Möbelstück war jedoch weder mein bequemes Bett noch der große Fernseher, der Herd oder der Esstisch. Sondern mein überaus praktischer Kleiderschrank, den ich zur Sicherheit mit einem speziellen Schloss ausstattete. Ich musste jetzt zwar keine Angst mehr haben, dass irgendjemand unvermittelt hereinplatzte und einen, na ja, doch sehr veränderten Alex erblickte. Wenn ich aber doch mal Besuch bekam, vorwiegend freilich von jungen, hübschen Damen, sollten die nicht – aus welchem Grund auch immer – so unerwartete wie unerwünschte Einblicke in mein kleines zweites Leben bekommen. In diesem hermetisch abgesicherten Schrank war mein Geheimnis dagegen sicher. Und der Minirock aus Italien bekam darin natürlich einen Ehrenplatz. Ansonsten brauchte ich dringend Nachschub, weil ich den Pelzmantel meiner Mutter logischerweise nicht von zu Hause mitnehmen konnte!

Und so ging ich erstmals auch daheim in Düsseldorf einkaufen – nicht minder vorsichtig wie in Italien, verstand sich. Eine meiner allerersten Anschaffungen war eine blonde Echthaarperücke. Das war ein wahrhaft großer Schritt! Bislang hatte ich mir ja allenfalls ein paar Kleidungsstücke übergestreift. Noch immer hatte ich keine tiefer gehende Ahnung, welchen Streich mir die Natur wohl gespielt hatte. Ich nahm diese Seite an mir schlicht zur Kenntnis und bediente das sanfte Verlangen mit meinen gelegentlichen abendlichen Metamorphosen. Mit der Perücke, die sehr aufwändig gearbeitet und dementsprechend teuer war, kam ich der Person, die ich mir für meine Verwandlung schemenhaft vorstellte, jedenfalls ein gutes Stück näher. Kurz darauf schaffte ich mir sogar noch ein Modell in Dunkelbraun an, damit ich mehr Variationsmöglichkeiten besaß. Dazu kamen die neuen Klamotten. Das reichte zu diesem Zeitpunkt vollkommen aus, um sporadisch das Kopfkino einzuschalten und für den Moment zufrieden zu sein. Darüber hinaus sah ich keine weitere Veranlassung, die ganze Sache zu hinterfragen. Und ansonsten hatte ich schon gar keine Zeit, um mir tiefergehende Gedanken über das »Warum« zu machen. Das verhinderten schon die Schule, die Partys und meine diversen sportlichen Aktivitäten.

Dass wir uns nicht falsch verstehen: Auch wenn ein Teil von mir im Verborgenen bleiben musste – ich hatte viel Spaß damals und machte all das, was ich tat, ausschließlich für mich! Ich brauchte keinen Psychologen, der mir dieses Handeln näher erklären hätte können. Und ich fühlte mich auch keinesfalls innerlich zerrissen. Ich war mir zwar bereits sicher, dass mir mein ganz persönlicher weiblicher Bestandteil dauerhaft erhalten bleiben würde. Die anderen weiblichen Bestandteile meines Lebens aber wechselten so häufig, dass ich keiner Frau offenbarte, was in mir vorging. Es hätte sich nicht gelohnt! Nur ganz, ganz selten, in wenigen besonders melancholischen und einsamen Momenten wünschte ich mir, voll und ganz Alexander zu sein. Nicht weil ich mich schämte. Sondern weil es das Leben ein bisschen unkomplizierter gemacht hätte! Das war's aber auch schon mit den Selbstzweifeln.

Als ich 18 geworden war, stand ein neuerlicher Umzug an. Ich vergrößerte mich räumlich auf immerhin gute 90 Quadratmeter, was mir natürlich in mehrerlei Hinsicht entgegenkam. Nicht nur, dass die Bude für etwaige Damenbesuche deutlich repräsentativer wirkte als meine vorherige Bleibe. Ich brauchte nun auch keinen Schrank mit Vorhängeschloss mehr, um mich gegen unliebsame Einblicke abzusichern. Ich verfügte jetzt über einen eigenen Raum für all meine inoffiziellen Anschaffungen, die ich mir nach und nach in liebevoller Kleinarbeit besorgte. Das Mehr an Platz war natürlich ein großer Luxus, der mir auch emotional einen großen Auftrieb gab.

Die Wohnung befand sich im zweiten Stock des Hauses, in dem mein Vater einst im Parterre sein Büro hatte. Inzwischen hatte mein Bruder die Firma vollends übernommen und wollte sich zunächst alleine um alle Angelegenheiten kümmern, woraus er vor allem mir gegenüber keinen Hehl machte! Er wollte unter keinen Umständen, dass ich mich mit den geschäftlichen Angelegenheiten des Betriebes auseinandersetzte, und seine Paranoia ging so weit, dass er mir sogar verbot, mein Auto auf dem Firmenparkplatz abzustellen! Auch wenn ich seine durch und durch unlogische Herangehensweise nicht verstand, war mir diese Sturheit unter dem Strich sogar recht, denn so waren zwar die Räumlichkeiten im Erdgeschoss für mich tabu – umgekehrt war aber auch meine Wohnung vermintes Sperrgebiet für meinen immer eigenbrötlerischer werdenden Bruder. Ganz jäh jedoch hatte mein beschauliches, unbeobachtetes Dasein ein Ende.

»Stell dir vor, ich ziehe zu euch ins Haus«, sagte unsere Mutter beiläufig zu mir.

Zu diesem Zeitpunkt hatte sie sich längst von jenem Sonderangebot eines südländischen Charmeurs getrennt, der sich anfänglich als mein neuer Vater aufspielte – und mehr noch: Sie war beziehungstechnisch sogar schon zwei oder drei Kurzzeit-Gigolos weiter und brauchte anscheinend dringend etwas Luftveränderung. Dass sie sich diese Luft ausgerechnet mit mir teilen wollte, konnte ich freilich überhaupt nicht brauchen.

»Die Wohnung über dir ist doch gerade frei geworden. Das ist ideal für mich«, erzählte sie.

Ich versuchte aus ihrer Stimme herauszuhören, ob sie das genauso boshaft meinte wie gewöhnlich – oder ob sie wirklich glaubte, dass ich mich über diese Nähe freuen würde. Auch wenn letztere Annahme aufgrund der Tatsache, dass ich vor ein paar Jahren einzig und allein auszog, um endlich meine Ruhe vor ihr und ihren Typen zu haben, ziemlich unwahrscheinlich war, konnte ich das nicht ausschließen. Sie hatte immer ihre ganz eigene Wahrnehmung der Dinge. Unter dem Strich spielten ihre eigentlichen

Motive aber auch keine Rolle, denn einige Wochen später machte sie ernst und ließ ihren gesamten Krempel aus unserer alten Bleibe in die Wohnung direkt über mir schaffen. Alleine der Gedanke, dass uns jetzt nur gut zwei Meter Luftlinie trennten, verursachte bei mir körperliches Unbehagen! Bereits nach einigen Tagen fühlte ich mich beklommen, eingeengt und beobachtet.

Meine Befürchtungen sollten sich bewahrheiten: Mit der Ruhe war es von einem Moment auf den anderen vorbei! Bereits ein paar Minuten, nachdem Mutter im Haus eingezogen war, fühlte sie sich berufen, zum ersten Mal bei mir zu läuten und mich zu behelligen. Fortan klingelte sie auf jedem Weg nach oben – und auf dem Weg nach unten ebenfalls. Sie klingelte morgens, mittags und abends. Sie klingelte eigentlich andauernd, und es konnten ganz sicher keine fürsorglichen Besuche sein, die sie bei mir zu machen gedachte, weil ihre spärlichen Muttergefühle bereits vollumfänglich für meinen Bruder draufgingen.

Erst an Weihnachten zuvor erhielt ich eine kleine Kostprobe ihres Verständnisses von familiärer Integrität und Loyalität: Meinem Bruder und ihrem Lebensgefährten schenkte sie mit großer Geste jeweils 5000 Mark. Für mich gab's dagegen nur einen Fünfziger – und die Begründung, ihr gehe leider das Geld aus. Nicht, dass mir die blöde Kohle wichtig gewesen wäre. Aber ihre grundsätzliche Art, alles, was ihre Söhne betraf, mit zweierlei Maß zu messen, störte mich natürlich schon. Immerhin wusste ich so mal wieder, woran ich in dieser fürchterlichen Sippe war, weil auch mein werter Bruder keinerlei Anstalten unternahm, seinen Anteil eventuell mit mir zu teilen. Er hatte nun mal die gleiche Einstellung wie meine Mutter: Alles für einen, nichts für die anderen – und überdies umfangreiche Sonderrechte für das eigene Tun und Handeln.

Dass Mutter mich einfach nur kontrollieren wollte, weil sie von meinem Doppelleben Wind bekommen hatte, bezweifelte ich ebenfalls. Von meinem zweiten Ich konnte sie eigentlich keinerlei Ahnung haben, denn dafür interessierte sie sich einfach zu wenig für mein sonstiges Leben. Und bislang scherte sie sich grundsätzlich nicht darum, wie es ihrem jüngeren Sohn erging, weshalb ihr meine generelle Gefühlswelt ohnehin für gewöhnlich scheißegal war. Es war vielmehr der pure Psychoterror, den sie mir gegenüber mit Freuden ausübte und der mich auf kurz oder lang schier wahnsinnig machte.

Insofern entpuppte sich die größere Wohnung bald als Fluch: Ich war eingekeilt zwischen meinem eigenen Fleisch und Blut, was dazu führte, dass ich weniger frei war als je zuvor. Klar konnte ich in meinen vier Wänden weitgehend tun und lassen, wonach ich mich gerade fühlte. Aber wann immer die Türglocke ertönte – und das war verdammt oft der Fall –, war es aus mit der Freiheit. Es kam nicht selten vor, dass ich gerade aufgebrezelt und in voller Montur vor dem Spiegel stand und mich unter dem Vorwand, gerade zu duschen und noch ein paar Minuten Zeit zu brauchen, hektisch in den normalen Alex zurückverwandeln musste, um nicht aufzufliegen. Meine Mutter gab nicht auf, wenn sie wusste, dass ich zu Hause war. Sie nervte so lange, bis ich sie hereinließ. Und dann schwiegen wir uns gepflegt an oder stritten.

Mein Maschinenbaustudium, das ich in den drei Jahren nach dem Abi in Düsseldorf und Aachen im Eiltempo absolvierte, verschaffte mir zumindest zwischenzeitlich etwas Abstand von diesem Narrenhaus, in das ich erneut und unvermittelt hineingeraten war und das mir einen abweisenden und immer selbstgerechter werdenden Bruder und eine herrschsüchtige Mutter als Nachbarn bescherte. Kurz vor Abgabe meiner Diplomarbeit folgte sogleich der nächste Hammer: Mein Bruder eröffnete mir, dass er nicht länger in Deutschland zu bleiben gedachte. Er hatte vielmehr beschlossen, gemeinsam mit seiner Frau und den Kindern nach Kanada auszuwandern – und zwar schon schlappe sechs Wochen später! Ich fühlte mich zwar theoretisch gut präpariert für die Aufgabe, in Papas alte Firma einzusteigen. Mit einer derartigen Eile aber hatte ich nun auch nicht gerechnet. Ich durfte bisher ja keinen einzigen Tag in diesem Betrieb arbeiten, geschweige denn auf dem Hof parken – und nun konnte es meinem Bruder nicht schnell genug gehen. Der Typ hatte echt eine Vollmeise.

»Dann verkaufen wir eben«, sagte er barsch, als ich leise Zweifel anmeldete, ob sein Schritt nicht für alle Beteiligten etwas überstürzt erfolgte, und fragte, ob ich mich nicht erst einmal ein paar Monate einarbeiten konnte.

Ich konnte nicht, also musste ich in den sauren Apfel beißen. Natürlich hätte ich einem Verkauf zustimmen, meinen Anteil einstreichen und ein schönes Leben führen können. Doch erstens traute ich diesem Tölpel einen geordneten und gewinnbringenden Geschäftsabschluss nicht zu. Zweitens traute ich ihm auch nicht über den Weg. Und drittens wollte ich keinesfalls das Erbe meines Vaters verscherbeln, bevor ich es überhaupt antreten konnte. Stattdessen wollte ich meinen alten Herrn da oben stolz machen. Es war Zeit, dass sein Jüngster sich der Sache annahm. Also stieg ich ein – und machte mich mit gerade einmal Anfang zwanzig an die Arbeit als Chef.

Das erste Problem, das auf mich wartete, bestand aus der Person unseres Betriebsleiters, der schon viele Jahre für Vater tätig war. Nach dessen Tod musste er sich zähneknirschend meinem Bruder unterordnen. Und nun kam der Mann wieder nicht zum Zuge. Klar, dass er mir gegenüber, der nicht einmal halb so alt war, überaus skeptisch eingestellt war – gelinde gesagt. Er nahm mich schlichtweg nicht für voll! Das änderte sich jedoch zügig: Nicht nur, weil ich ihm schnell und kompromisslos klarmachte, dass er die Wahl hatte, entweder mit mir hier zu arbeiten – oder gar nicht mehr. Und auch, weil ich in den ersten Monaten beinahe rund um die Uhr im Einsatz war. In der Firma setzte ich alles daran, dass mich die knapp 15 Angestellten als Boss akzeptierten, was mir gelang. Nebenbei musste ich aber auch noch mein Studium abschließen und mein Diplom schaffen. Das war alles zusammen schon ein heftiges Pensum.

Dass Mutter sich auf einmal berufen fühlte, täglich im Büro aufzukreuzen und sich stundenlang um die Hausverwaltung zu kümmern, machte die Tage nicht angenehmer. Unser Verhältnis wurde zunehmend mieser, auf ohnehin schon niedrigem Niveau.

»Guck mich nicht immer so böse an«, schrie sie mich beispielsweise gerne mal an.

Nach ein paar Wochen wunderte ich mich dann nicht mehr, wie sie durch zwei Wände hindurch erkennen konnte, wie ich sie angeblich ansah.

»Klapp das nächste Mal gefälligst den Toilettendeckel runter«, brüllte sie, nachdem sie aufs Klo gegangen war, und ich musste mich bei den Kunden, mit denen ich gerade verhandelte, für ihr Verhalten entschuldigen.

So ging das tagaus, tagein, und ich spürte, wie sich mein altes Magengeschwür langsam wieder bemerkbar machte. Immerhin liefen die Geschäfte überaus gut, und schon drei Monate, nachdem ich das Ruder von meinem Bruder übernommen hatte, fuhren wir einen Rekordumsatz ein. Nach und nach schaffte ich es, unserem Unternehmen meinen Stempel aufzudrücken, was allerdings leider sehr zu Lasten meiner Lebensqualität ging: Ich ernährte mich praktisch über Jahre hinweg nur von drei verschiedenen Gerichten, die ein Lieferdienst ein Mal pro Woche vorbeibrachte und die ich mir nur noch kurz warmmachen musste – entweder gab es Kassler mit Kraut, Tortellini mit Käsesauce oder Sauerbraten mit Klößen. Noch viel schwerer zu verdauen als dieses einseitige Mittagessen war jedoch, dass ich kaum noch Zeit hatte, meinen weiblichen Gefühlen freien Lauf zu lassen. Es gab praktisch nur noch Alexander, den Firmenboss, und ich spürte, dass mir das nicht besonders guttat.

»Hallo, Alex, ich komme wieder nach Hause«, hörte ich am anderen Ende der Leitung eine leise Stimme sagen, die zweifellos zu meinem Bruder gehörte.

Es war nun drei oder vier Jahre her, seit er sich Knall auf Fall nach Kanada verabschiedet und mich inklusive der Verantwortung für Vaters Lebenswerk zurückgelassen hatte. Jetzt war er im Land der Lachse und Bärenjäger auf ganzer Linie gescheitert: Seine Geschäftspartner hatten ihn fulminant über den Tisch gezogen, er war pleite und seine Frau mitsamt den Kindern in einer Nacht- und Nebelaktion stiften gegangen. Angesichts dessen klang er sehr kleinlaut, als er mich fragte, ob ich ihn wieder einstellen würde.

Ich wusste nicht recht, warum, aber ich bekam tatsächlich Mitleid. Immerhin war er mein Bruder, also bot ich ihm in einem Anflug an Barmherzigkeit seinen alten Posten an – und auch das Gehalt, das er sich früher selbst ausbezahlte. Ich stellte sogar in Aussicht, ins zweite Glied zu rücken, wenn er wieder im Lande sein würde. Er stimmte zu, bedankte sich unter Tränen und saß kurz darauf wieder in seinem alten Büro, das zwischenzeitlich zu meinem Büro geworden war. Wir saßen uns an einem Schreibtisch gegenüber – und ich musste feststellen, dass er auch ansonsten leider schnell wieder ganz der Alte geworden war: Rund fünf Monate, nachdem wir gemeinsam die Firma führten, kam er zu mir und drückte mir einen Wisch in die Hand.

»Was ist das?«, fragte ich.

»Eine Arbeitsplatzbeschreibung«, sagte er nur, drehte sich um und ging wieder.

Ich begriff nicht – und begann zu lesen. Die Stelle, um die es ging, entsprach genau der Tätigkeit, die ich ausübte. Der einzige Unterschied zu meinem Job war das Gehalt, das mein Bruder an das Ende der Ausschreibung gesetzt hatte. Das nämlich lag deutlich unter dem, was ich gerade verdiente! Ich war total vor den Kopf gestoßen. Da nahm ich diesen Judas wieder zu Hause auf, obwohl er mich zuvor schmählich im Stich gelassen hatte, und nun versuchte er, mich auf diese Weise anzupissen. Das konnte ja wohl nicht wahr sein! Als Gesellschafterin musste meine Mutter der Gehaltskürzung noch zustimmen. Unsere Beziehung zueinander war zwar beschissen wie gewohnt, aber diese Ungerechtigkeit würde selbst sie meinem Bruder nicht durchgehen lassen. Immerhin war sie von seinem abrupten Abschied nach Kanada auch nicht begeistert gewesen. Nun, ich sollte mich täuschen.

Natürlich stimmte Mutter für den Vorschlag ihres älteren Sohnes. Mir blieb nur der Ausweg, einen Rechtsanwalt zu bemühen, um die Verhältnisse wieder geradezurücken. Vier Wochen und einige anwaltliche Schreiben später bekam ich wieder meinen ursprünglichen Lohn ausbezahlt. Zwischen uns Brüdern herrschte dafür eine Stimmung wie zwischen John F. Kennedy und Nikita Cruschtschow kurz nach der Stationierung sowjetischer Mittelstreckenraketen auf Kuba – mit dem Unterschied, dass sich Kennedy und Cruschtschow keinen Schreibtisch teilen mussten, an dem sie die langen Arbeitstage verbrachten. Erschwerend hinzu kam, dass ich ihm tatsächlich erst am Nachmittag zu seinem nächsten Geburtstag gratulierte, weil unsere Sekretärin krank wurde und mich nicht am Morgen an dieses epochale Ereignis erinnern konnte. Die Folge dieses unentschuldbaren Fehlverhaltens meinerseits: Er sprach zwei Jahre kein einziges Wort mit mir!

Anfangs glaubte ich noch an einen schlechten Scherz, bis ich begriff, dass der Sprung in meines Bruders Schüssel deutlich größer war, als selbst ich angenommen hatte. Also machte ich mir irgendwann einen Spaß daraus und erzählte ihm jeden Tag in aller Ausführlichkeit all die Dinge, die ich am Vortag erlebt hatte. Ich berichtete, was ich am Abend aß und was im Fernsehen kam. Ich erzählte ihm von meinen jeweiligen Freundinnen und wo wir am Wochenende aus gewesen waren. Ich schwärmte von Baffy und Olly, den beiden Bullterrieren, die ich mir kürzlich gekauft hatte, um wenigstens ein bisschen Ablenkung vom nervigen Arbeitsalltag zu haben. Und mein Brüderlein ließ all das über sich ergehen, bemühte sich, möglichst konzentriert auf seine Unterlagen zu starren – und schwieg. Ich sah ihm an, dass es ihn oft genug juckte, mir zu antworten, mich maßzuregeln oder mir einfach nur zu sagen, dass ich endlich die Klappe halten sollte. Aber er schwieg weiter und weiter, so lange, bis ihm Olly ans Bein pinkelte. Auf diesen klugen Bullterrier-Rüden konnte ich mich eben verlassen. Neben der uneingeschränkten Loyalität, die er mir gegenüber bewies, legte er auch noch eine außerordentlich exakte Menschenkenntnis an den Tag: Wen er nicht mochte, den schiffte er eben an.

Eine Zeitlang waren die Hunde mein einziger Lichtblick in diesem Irrsinn aus menschlicher Kälte und beruflichem Stress. Doch dann traf ich Andrea. Meine erste wirklich große Liebe! Auch diese Geschichte begann kurioserweise im »Poccino«, in dem ich mich damals schon Samstag für Samstag mit einem Kumpel zum ausgiebigen Frühstück traf; Diskussionen über Gott, die Welt und vor allem Frauen inklusive. Um genügend Gesprächsstoff zu haben, teilten wir uns jedes Mal die Rheinische Post auf. Frank wollte den Wirtschaftsteil und den Sport lesen, ich nahm dafür das Feuilleton und die Politik.

»Guck dir das an«, ätzte Frank wie eigentlich fast immer mit dem Blick auf die Kontaktanzeigen, die üblicherweise in seiner Zeitungshälfte enthalten waren. »Wieder lauter Loser, die keinen abbekommen. Das werden auch immer mehr.«

Mir gingen seine überheblichen Kommentare zunehmend auf den Sack. Auch wenn es mir nie schwerfiel, Frauen kennenzulernen, war ich doch der festen Überzeugung, dass sich hinter vielen Inseraten Männer verbargen, denen wir beide, die wir hier saßen, nicht das Wasser reichen konnten – und Damen, nach denen wir uns alle zehn Finger leckten. Und genau das sagte ich ihm eines Tages auch!

»Wie bist du denn drauf?«, sagte Frank. »Mann, das sind doch alles gescheiterte Existenzen, die längst die letzte Ausfahrt verpasst haben. Da findest du nie im Leben eine ordentliche Schnitte!«

»Wetten?«, fragte ich.

»Du willst wetten? Na, wie du meinst. Ist deine Zeit, die dafür draufgeht«, verhöhnte er mich.

Dann wetteten wir.

Wie alles, was ich machte, ging ich auch diese Angelegenheit generalstabsmäßig an. Das bedeutete, dass ich nicht etwa ein paar der Annoncen, die mir interessant erschienen, wahllos abtelefonierte. Stattdessen besorgte ich mir im RP-Haus sowie bei der Westdeutschen Zeitung den kompletten Jahrgang an Kontaktanzeigen, den ich im Anschluss äußerst akribisch durchging: Zu Hause am Computer erstellte ich mir eine Liste mit den gängigsten Merkmalen, die von den Männern in ihren Inseraten angegeben wurden: attraktiv, sportlich, kulturinteressiert, kinderlieb und so weiter. Bei den Frauen konzentrierte ich mich dagegen auf die jeweiligen Suchkriterien. Dann guckte ich, welche Eigenschaften gegenseitig am häufigsten genannt wurden und strich sie weg. Übrig blieben nur ein paar eher kuriose Attribute, die verdeutlichten, dass sich zu diesen Töpfen wohl kaum Deckel finden lassen würden. Und genau diese besonderen Charakteristika machte ich mir zu eigen – und verfasste mit einer befreundeten Werbetexterin eine entsprechende Anzeige. An jenem Samstag, an dem das Ding erschien, musste ich auf eine Geschäftsreise und kam erst in der folgenden Woche wieder zurück.

Als ich im Hausflur meinen Briefkasten leeren wollte, kam mir schon der Postbote entgegen und drückte mir einen ganzen Packen Kuverts in die Hand.

»Was ist denn bei Ihnen los, Herr Klein?«, fragte er mich halb genervt und halb belustigt. »Veranstalten Sie vielleicht gerade ein Preisausschreiben oder so?«

Ich schüttelte den Kopf, nahm verdutzt die Umschläge entgegen und brachte alles in mein Büro. Dort traf mich beinahe der Schlag: Während mein Bruder nur die Augen verdrehte, fand ich noch mal mindestens die dreifache Menge an Briefen vor, die sich auf dem Schreibtisch stapelten. Ich wusste natürlich nicht, welche Resonanz die anderen Inserenten auf ihre Texte bekamen. Aber ich vermutete stark, dass ich mit dieser Menge wahrscheinlich den inoffiziellen Rekord an Antworten gebrochen hatte. Um meine Wette gegen Frank zu gewinnen, musste ich mich da nun wohl oder übel durcharbeiten. Gespannt öffnete ich das erste Schreiben.

»Wow«, dachte ich nur beim Anblick des Bildes, das aus dem Umschlag fiel. Das Foto, das eine große, braunhaarige Schönheit mit herrlich langen Haaren und geheimnisvollen Augen zeigte, war schon mal der Hammer! Dann begann ich den dazugehörigen Inhalt zu lesen – und musste erstmal laut lachen. Die Frau, die das geschrieben hatte, besaß Humor, schien intelligent zu sein und durchschaute mich sofort. Es bestand kein Zweifel: Ich brauchte erst mal nicht weiterzusuchen. Die hier musste ich kennenlernen! Als Mann der Tat machte ich Nägel mit Köpfen und rief umgehend die Telefonnummer an, die im Briefkopf stand.

»Ja bitte?«, meldete sich eine Frauenstimme, die mir jedoch nicht mehr ganz so sexy vorkam, wie die Dame auf dem Bild aussah.

»Hallo, hier ist Alex. Du hast mir auf meine Anzeige hin geschrieben, und ich würde dich gerne kennenlernen«, sagte ich und musste zugeben, dass ich fast ein wenig aufgeregt war.

»Junger Mann, ich glaube nicht, dass Sie hier richtig sind«, antworte die Stimme.

Ich war verwirrt.

»Aber Sie haben mir doch geschrieben? Ich habe mich ganz sicher nicht verwählt«, beteuerte ich.

»Keine Ahnung, was Sie meinen. Aber vielleicht wollen Sie ja mit meiner Tochter sprechen. Andrea ist in zwei Stunden wieder zurück.«

Ich war erleichtert, verabschiedete mich höflich und rief zu einem späteren Zeitpunkt erneut an. Diesmal war gleich Andrea dran. Wir quatschten zwei oder drei Stunden lang, was mir gar nicht auffiel. Am Ende eines sehr witzigen, tiefsinnigen und interessanten Telefonats verabredeten wir uns für den übernächsten Tag.

Als ich ihr vor dem Lokal, in das wir gehen wollten, gegenüberstand, machte es in meinem Kopf »Bumm!«. Ich wusste nicht genau, was es damit auf sich hatte, aber anscheinend waren gerade in meinem Oberstübchen irgendwelche Synapsen explodiert. Mit dem letzten Rest eines klaren Gedankens schlug ich vor, das Etablissement zu wechseln, denn wir hatten uns im Eifer des Gefechts ausgerechnet Düsseldorfs Kontakttreff Nummer eins ausgesucht, und mir war klar, dass wir in dieser Balzbude, in der ich eine Menge Leute kannte, keinen besonders romantischen Abend verbringen würden. Stattdessen brauchte ich nun etwas Ruhe, eine niveauvolle Umgebung – und dringend einen Drink. All das ließ sich hervorragend bei »Tino« verbinden, einer Düsseldorfer Institution direkt an der Kö, in der hin und wieder auch Promis wie Udo Jürgens oder Roberto Blanco verkehrten und in der am Abend stets ein Pianospieler für eine dezente, ansprechende Gesprächsatmosphäre sorgte. Und genauso war es auch: Nach den ersten beiden Minuten, in denen ich meine Gedanken erst mal sortieren musste und ich ein Whisky-Cola hinunterstürzte, um endlich wieder klar zu werden, redeten wir viel, lachten noch mehr – und erkundeten danach zusammen für ein paar Jahre die Welt!

Die Beziehung mit Andrea war wie ein großes Abenteuer. Wir hatten viel Spaß zusammen, unternahmen immer neue Dinge und wichen einander nicht von der Seite. Diese Frau kostete mich zwar ein Vermögen, aber sie war jeden Pfennig wert: Wir machten Urlaub in Riminis mondänem Grand Hotel, tauchten auf den Malediven oder besuchten ein paar Mal die Daytona Bike Week. Ich war glücklich wie selten zuvor in meinem Leben, und nicht einmal der Dauerzoff mit meiner Mutter und meinem Bruder konnte diesem Glück etwas anhaben. Dieses erfreuliche Gefühl bewog mich eines Tages dazu, ihr mein kleines Geheimnis anzuvertrauen. Ich hatte das schon Wochen vor mir hergeschoben. Zwar war ich mir sicher, sie gut genug zu kennen, um einschätzen zu können, dass sie mich nicht verließ. Aber man konnte ja nie wissen. Bislang hatte ich diese Sicherheit nicht und sah deshalb auch keinen Anlass, meine diversen Freundinnen einzuweihen – ich wusste, dass sie früher oder später wieder aus meinem Dasein verschwinden würden. Nun war das anders.

»Ich muss dir etwas sagen«, erklärte ich mit fester Stimme und begann, drauflosszuerzählen: vom Moulin Rouge, dem Pelzmantel meiner Mutter, den Puppen und den Perücken. Am Ende meines Vortrages blickte ich ihr ins Gesicht und wusste, dass mich mein siebter Sinn nicht betrogen hatte: Andrea reagierte überraschend entspannt.

»Mach, wie du meinst«, sagte sie nur – und mir fiel ein Stein von der Seele.

Zur damaligen Zeit verspürte ich jedoch kein besonders intensives Bedürfnis, meine andere Seite auszuleben. War ich mit Andrea zusammen, kam der weibliche Alex so gut wie nie zum Vorschein. Und auch alleine traten meine lieb gewonnenen Umgestaltungen in den Hintergrund. Ich konnte gar nicht mal genau sagen, warum – mir fehlte allenfalls ganz weit hinten in meinem Gefühlszentrum eine Kleinigkeit, aber das war auch okay so weit. Dazu war der Rest einfach zu schön und zu spannend.

Es hätte vermutlich ewig so weitergehen können, hätte Andrea nicht einen Traum gehabt, von dem sie sich partout nicht abbringen ließ: Sie wollte unbedingt Schauspielerin werden! Wir diskutierten hunderte Male über dieses Thema, und ich sicherte ihr zu, sie bei ihrem Vorhaben zu unterstützen, wenn sie nur an meiner Seite blieb – auf eine Fernbeziehung hatte ich überhaupt keinen Bock. Außerdem hielt ich die Sache für ein Hirngespinst, denn ehrlich gesagt war ihr diesbezügliches Talent meiner Ansicht nach überschaubar.

»Ich gehe nach New York«, sagte sie eines Morgens zu mir, als wir beim gemütlichen Wochenend-Frühstück saßen, und strahlte dabei über das ganze Gesicht.

Es war, als hätte mir jemand eine geklatscht.

»Was meinst du damit?«, fragte ich.

»Stell dir vor, sie haben mich bei Lee Strasberg genommen. Das ist doch der Wahnsinn!«, jubelte sie.

Das war tatsächlich der Wahnsinn, denn dass die wahrscheinlich renommierteste Schauspielschule der Welt meine Andrea aufnahm, grenzte beinahe an ein Wunder biblischen Ausmaßes. Sie sah mir sofort an, dass ich kurz davor war, auszuflippen, also versuchte sie, mich im nächsten Augenblick zu beruhigen.

»Ist doch nur für drei Monate«, erklärte sie.

Ich biss die Zähne zusammen und stimmte zu. Damit konnte ich mich gerade so abfinden, immerhin würde ich sie in diesem Zeitraum sicherlich ein, zwei Mal besuchen kommen, und New York war ja durchaus eine Reise wert. Meine Aufgabe in der Firma aber ließ es beim besten Willen nicht zu, dass ich in Düsseldorf alles stehen und liegen ließ und sie die gesamte Zeit begleitete. Das Dumme war nur: Aus den drei Monaten wurden plötzlich: drei Jahre. Offenbar stellte sie sich besser an, als von mir vermutet und erhofft, weshalb sie nach der Probezeit von ihren Lehrern die Bewilligung bekam, die gesamte Ausbildung an dem berühmten Institut absolvieren zu dürfen. Natürlich nahm sie das Angebot an, und ich guckte in die Röhre!

Wann immer es mein Beruf zuließ, flog ich nun über den großen Teich. Ab und an kam Andrea auch für einen kleineren Fernsehjob nach Deutschland, aber unter dem Strich machte mich dieser Zustand mit dem ewigen Hin und Her krank. Wenn ich einen Menschen liebte, dann brauchte ich den auch ständig um mich herum. Time-Sharing ließ sich und lässt sich auch heute nicht mit meinen Gefühlen betreiben! Die Situation belastete mich von Monat zu Monat stärker. Uns beiden war klar, dass unsere Beziehung mit einem zeitweiligen Abstand von 6000 Kilometern Luftlinie so nicht weitergehen konnte. Nur darüber zu sprechen, das schafften wir lange nicht.

An einem Samstag kurz vor Weihnachten machte ich mich auf den Weg in die Stadt, um mich mit ein paar Freunden zu treffen und auf andere Gedanken zu kommen. Andrea war seit einigen Tagen vorübergehend aus den USA zurückgekehrt und gerade zu Hause bei ihren Eltern in Wuppertal, aber es herrschte trotzdem Funkstille. Es war zu Ende mit uns, das war mir nun klar. Kurz bevor ich in Richtung City ging, läutete ich noch bei meiner Mutter durch, aber sie war offenbar nicht da. Sie war alt geworden und hatte in den letzten Wochen gesundheitlich stark abgebaut, und auch wenn unser Verhältnis immer noch meilenweit davon entfernt war, innig zu sein, machte ich mir ein bisschen Sorgen um sie – ich konnte eben nicht aus meiner Haut. Von unterwegs aus rief ich mehrfach bei ihr an, aber sie hob nicht ab. Mein Bruder war ebenfalls nicht erreichbar, und in meiner Not wählte ich sogar die Nummer ihres letzten Gigolos, aber auch diese Flasche ging nicht ans Telefon.

Als ich zurück nach Hause kam, wusste ich, warum: Mutters Liebhaber stand mit ihrer besten Freundin vor der Wohnungstür, und die beiden fanden es ebenfalls komisch, dass sie nicht zu Hause zu sein schien, was sonst um diese Zeit immer der Fall war. Mich beschlich eine böse Ahnung,

Alex mit
zwölfeinhalb
auf der »Itom«, die
es auf 180 km/h
bringen konnte.

No Risk,
no fun –
und das schon als
Kind.

Alex im Büro –
und einer seiner
»Bullys« war
immer dabei ...

In der Garage: Rennflitzer und Pokale –
Die meisten gab's aber für die Hunde.

Größer geht immer: Alex mit
seiner Moto Guzzi v7 Sport
und 110 PS unterm Hintern.

Unsere »Rio«: das Boot,
auf dem alles begann.
(mit zwei Mal 350 PS).

Andere liegen am Strand – doch Alicia baut lieber einen Pavillon, der inzwischen sogar Winterstürme heil übersteht.

Nicki übernimmt die Malerarbeiten, denn Alicia kann mit Farbe und Spachtel nichts anfangen.

Umbau in Cannes:
Die passionierte Heimwerkerin in Aktion.

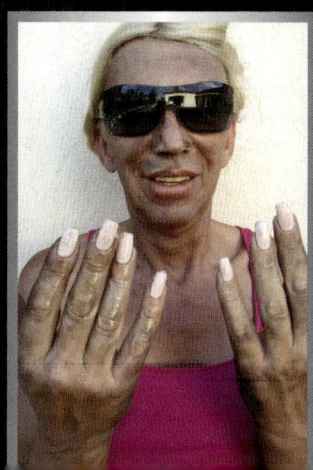

Nickis Jeep mit Loch im Tank – und Alicia als Kfz-Monteurin mit Kamerabegleitung von VOX.

Schatz, der neue Tank ist eingebaut, wie man unschwer erkennen kann ...

Von Alex geerbt: Auch Alicia kommt an einem Bike nicht vorbei.

Fashionaufnahmen in
selbst designter Jeansjacke.

Keine Angst vor großen Geschwindigkeiten. Auch Alicia braucht Adrenalin, hier im Kampfjet.

Das wohl bekannteste Auto von Cannes: unser schnittiger Strass-Smart.

Wir zwei Damen sind auch bei Events immer ein Hingucker.

Kamerascheu? Nicht wir Kings, hier bei einer Veranstaltung in Wien.

Ein schöner
Rücken kann auch
entzücken:
Steuerfrau Alicia
auf der »Rio«.

Waschechte
Meerjungfrauen
findet man bei
uns manchmal
auch im Pool.

Nicki, die Selfie-Künstlerin.

Wenn's um die Handtasche geht, gibt's auch schon mal Zickenkrieg.

Aufgebrezelt:
Alicia bei einem Event in
Monte Carlo.

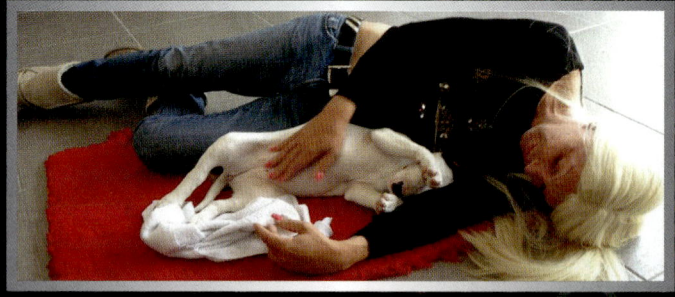

Spielen mit
Frauchen: Bullterrierhündin
Diva ist unser »Baby«.

Endlich
angekommen:
Wir drei Kings auf
der berühmten
Croisette in Cannes.

Liebe und Respekt –
die Zauberformel unserer wirklich wahren Liebe.

Eine King als Beauty-Queen –
so bin ich glücklich.

dass irgendetwas passiert sein musste, und so beschloss ich, die Polizei zu rufen. Die Beamten trafen wenige Minuten danach ein und versuchten, die Türe einzutreten. Da Mutter allerdings Zeit ihres Lebens panische Angst vor Einbrechern und anderem Gesindel hatte, erwies sich dieses Vorhaben als äußerst schwierig, denn ihre Tür war gepanzert. Nach schier endlosen Versuchen und unter Zuhilfenahme schweren Geräts schafften es die Polizisten dann doch. Ich ging als Erster vorsichtig hinein, doch ich musste gar nicht weitersuchen.

Sie lag im Bad und war tot.

Am nächsten Morgen rief ich Andrea an. Ich war ziemlich durch den Wind und brauchte nun etwas Zuspruch. Außerdem hoffte ich, dass sie wenigstens jetzt von Wuppertal nach Düsseldorf kommen und mir etwas seelischen Beistand leisten würde. Wir waren ja gerade erst eine gute Woche mehr oder weniger offiziell getrennt.

»Du, ich werde nicht kommen«, wiegelte sie in aller Kürze ab.

»Wie, du kommst nicht? Ich habe gestern Abend meine tote Mutter gefunden«, rief ich ins Telefon und war ob ihrer Kälte enttäuscht und entrüstet zugleich.

»Aber ich liebe dich nicht mehr. Was soll ich denn dann da?«, antwortete sie. Ich konnte es nicht fassen.

»Was hat das denn damit zu tun?«, rief ich.

»Ich bin kein Arschloch, hör endlich auf damit«, schrie sie nun.

»Was geht denn mit dir ab?«, fragte ich. »Das habe ich doch gar nicht gesagt.

»Ich bin auch kein Schwein, was soll das, lass mich in Frieden, ich ertrage das nicht mehr!«, brüllte sie.

Da begriff ich. Sie war nicht alleine. Ihre Eltern saßen im Hintergrund – ich wusste ja, dass Andrea sie gerade über die Feiertage besuchte. Meine einstige Traumfrau, für die ich durchs Feuer gegangen wäre, war offenbar zu feige, ihnen die ganze Sache mit uns beiden anständig zu erklären. Also musste ich als irrer Psycho herhalten, der ihre Tochter unflätig beschimpfte, damit sie besser dastand. Weil mir kein anderer Ausweg aus dieser absurden Situation einfiel, legte ich auf. Ich war platt. Vor wenigen Stunden lag meine tote Mutter vor mir, und nun stellte mich der Mensch, den ich in den vergangenen Jahren auf Händen durch die Welt getragen hatte, als Wahnsinnigen hin, anstatt mich in einer der größten Krisen meines Lebens zu unterstützen. Das musste ich erst mal sacken lassen.

Doch es wurde nicht besser: Kurz darauf musste ich meinen geliebten Bullterrierrüden einschläfern lassen. Seine Nieren versagten wegen einer Infektionskrankheit, an der er in seiner Jugend litt. Und nachdem Mutter gerade unter der Erde war, traten einige Ungereimtheiten auf. Erst verschwanden auf unerfindliche Weise irgendwelche Gelder von ihren Konten, mithilfe von Schecks, die sie angeblich noch zu Lebzeiten unterschrieben haben sollte. Auch die Todesursache war nie untersucht worden, obwohl ich stark bezweifelte, dass ihr einfach nur aus Altersgründen das Herz stehenblieb, wie der zuständige Notarzt beim Ausfüllen des Totenscheins notierte. Immerhin war sie ständig in medizinischer Behandlung, und wenn bei ihr was funktionierte, dann war es die Pumpe. Außerdem hatte ich in ihrer Wohnung seltsame Medikamente gefunden, von denen ich nichts wusste und die auch auf keinem Rezept zu finden waren. Aber mein Bruder scheute seltsamerweise die Konfrontation mit dem finalen Gigolo – und ich war selbst viel zu nahe am Zusammenbruch, als dass ich auf eine Obduktion hätte drängen können. Zu allem Überfluss bekam ich wenige Wochen später Post vom Anwalt des Freundes meiner Mutter. Sie war ihrem schlechten Männergeschmack nach Papas Tod leider bis zum Schluss treu geblieben, was nun darin gipfelte, dass dieser elende Erbschleicher auf Gegenstände aus Vaters Nachlass Ansprüche erhob, die seit Jahren bei mir in der Wohnung standen. Nun konnte ich endgültig nicht mehr.

Nach so vielen Tragödien auf einmal stand ich nun vor der Wahl: Entweder ich verging in meinem Schicksal und ließ mich hängen. Oder ich stand wieder auf und nahm den Kampf an. Ich dachte an meinen Vater, meinen asiatischen Kampfkunst-Lehrmeister und das, was beide mir einst beigebracht hatten. Und entschied mich für Letzteres! Als ersten Schritt outete ich den Gigolo in den Kreisen, in denen er verkehrte und zu denen er sich zugehörig glaubte. Aber einen Aufschneider und Schwindler, wie er in Wirklichkeit einer war, wollten die honorigen Herrschaften dann doch nicht in ihrer Mitte haben. Gegen den Widerstand meines Bruders zerrte ich ihn vor Gericht und machte ihm den Prozess. Zwar ließ sich der Tod meiner Mutter nicht mehr mit ihm in Zusammenhang bringen. Die Erbansprüche aber konnte er sich danach abschminken!

Über den Verlust von Andrea tröstete ich mich, indem ich mich beinahe jeden Tag mit ein paar engen Freunden traf – und zugegebenermaßen auch mit dem nicht gerade homöopathischen Genuss eines neuartigen Mischgetränks namens Wodka Red Bull, das gerade langsam in Mode kam. Doch nun wieder Abend für Abend ausgehen, mit tütenweise Dosenbrause im Gepäck, weil es den österreichischen Energydrink damals noch nicht überall auf den Getränkekarten gab, das konnte kaum die dauerhafte Lösung meiner Probleme sein.

Also entschieden mein Bruder und ich nach einigen heftigen Diskussionen, dass wir die Firma nun doch verkauften. Das verschaffte mir neben einer passablen Einnahme vor allem mental endlich wieder etwas Luft. Nach dem Stress der letzten Jahre mit dem ganzen Ärger im Job, dem bisweilen äußerst anstrengenden Doppelleben, dem Scheitern der Beziehung mit Andrea und schließlich den mysteriösen Umständen von Mutters Ableben war ich am Tiefpunkt angekommen – und sah nur einen Ausweg: Ich musste schleunigst hier weg! Der Ort, an dem ich auf andere Gedanken kommen wollte, war mir einige Zeit vorher bei einem Kurzurlaub, bei dem ich die gesamte Westküste von San Francisco bis San Diego erkundet hatte, aufgefallen. Die Menschen dort waren meistens gut drauf, was nicht nur an den durchschnittlich sieben Sonnenstunden pro Tag lag. Nein, in Santa Monica im schönen US-Bundesstaat Kalifornien lag eine ähnliche grundsätzliche Leichtigkeit in der Luft, wie sie mir einst als Kind in Torre del Mare aufgefallen war.

Der Start in der bunten und durch und durch lebendigen Kleinstadt am Pazifik war zwar etwas holprig und bescherte mir eine Nacht in einem zwielichtigen Motel etwas außerhalb, das von einer grimmigen Zapata-Kopie geleitet wurde und in dem ich zur Sicherheit meine Zimmertür mit meinem schweren Reisekoffer verrammelte. Aber ich überlebte auch diese Begegnung, packte das Messer, das ich mir für alle Fälle unters Kopfkissen gelegt hatte, wieder ein, öffnete die Vorhänge – und sah einen wunderschönen blauen Himmel ohne eine einzige Wolke. In diesem Augenblick ging es mir schon ein Stückchen besser und erst recht, als ich seine wunderschöne Tochter mit einem strahlenden Lächeln an der Rezeption vorfand. Ich frage mich noch heute, wie dieser Kerl ein so zauberhaftes Wesen wohl hinbekommen hatte.

Nach kurzer Suche vor Ort fand ich in Santa Monica eine Wohnung. Sie lag in der letzten Querstraße vor den berühmten Pacific Palisades, jenem Stadtteil, in dem die Superreichen und Superschönen lebten und von der aus ich sogar aufs Meer gucken konnte. Das fühlte sich schon mal ganz gut an. Ich war, abgesehen von meiner Harley Davidson, lediglich mit leichtem Gepäck unterwegs, weil ich meine Düsseldorfer Bleibe nicht vollends aufgeben wollte und dort auch die allermeisten meiner Habseligkeiten aufbewahrte. Im Grunde genommen hatte ich für mein USA-Wagnis nur ein paar normale Klamotten dabei, dazu einige elegante Hermes-Tücher, wie sie die eleganten Damen der Pariser Gesellschaft trugen, sowie ein hübsches Seidenhemd für die Nacht. Und ein Parfüm, das erst vor einiger Zeit auf den Markt gekommen war und das seitdem der bestimmende Duft meines Lebens war: Es roch nach einer einzigartigen Mischung aus Noten von Vanille, Schokolade, Karamell, von Beeren und Honig, von Bergamotte und Kokos. Kurz: Es duftete irgendwie nach diesem atemberaubenden Abend vor vielen, vielen Jahren im Moulin Rouge, der mir mitsamt seines betörenden Geruches seitdem nie wieder aus dem Sinn gegangen war. Das Parfüm hieß »Angel« von Thierry Mugler, war natürlich für Damen gemacht und begleitet mich mitsamt der schönen Erinnerung bis heute.

In Kalifornien konnte ich mich viel freier bewegen als in Deutschland, was nicht nur an der stärker ausgeprägteren Toleranz der Menschen dort lag, sondern natürlich auch daran, dass der Druck der Vergangenheit nach und nach von mir abfiel. Es dauerte nicht lange, und ich marschierte selbstbewusst in eine der örtlichen Filialen von »Victoria's Secret«, um mich mit Seidenunterwäsche einzudecken. An den Abenden verwandelte ich mich nun wieder mit schöner Regelmäßigkeit in eine Frau, während ich tagsüber aufgrund meiner Vorliebe für Inliner beinahe in eine Filmkarriere geskatet wäre.

Jeden Morgen, wenn die Strandpromenaden noch weitgehend unbevölkert waren, war ich von meiner Wohnung bis hinunter nach Venice Beach unterwegs und rollte auf einer Strecke von rund sechs Kilometern vorbei am Ocean Park bis zur Marina, in der die Jachten der kalifornischen Multimillionäre dicht an dicht vor Anker lagen. Auf dem Rückweg trainierte ich am sagenumwobenen Muscle Beach, an dem einst der globale Fitness-Boom seinen Ursprung hatte, an ein paar Geräten unter freiem Himmel – so, wie es sich hier gehörte und wie es die örtliche Bodybuilderszene zu meiner Belustigung stets aufs Neue zelebrierte. Anschließend kehrte ich noch in einem kleinen Restaurant am Boardwalk ein.

Dieses Mal hatte ich schon auf der Hinfahrt die vielen Kameras und Scheinwerfer bemerkt, die an einer Stelle der Promenade aufgebaut waren. Es herrschte ordentlich Betrieb, und den Kulissen sowie der wichtigtuerischen Hektik der Beteiligten nach handelte es sich um Dreharbeiten für die zu diesem Zeitpunkt sehr angesagte TV-Serie »Baywatch«. Das fand ich spannend. Ich beobachtete aus einigen Metern Sicherheitsabstand neugierig, wie Carmen Electra, die seit kurzem Pamela Anderson als Hauptdarstellerin ersetzte, immer wieder aufgeregt schreiend in einen Pulk voller Menschen rannte, in den gleichzeitig von der anderen Seite aus ein Inlineskater hineindüste. Ich reimte mir zusammen, dass die beiden sich für diese anscheinend hochdramatische Szene irgendwo inmitten der Menge finden sollten, doch da sowohl Miss Electra als auch der Statist auf seinen Blades kleiner waren als eine kalifornische Parkuhr, klappte die Rettung des sich offenbar auf der Flucht befindlichen Stars durch einen tapferen Passanten auch nach mehrmaligen Versuchen nicht.

»Cut!«, stöhnte der Regisseur immer wieder. »We'll do it again!«

Ich hörte schon an seiner Stimme, dass der Mann langsam die Schnauze voll hatte, und stellte mich auf weitere amüsante Minuten meines Schaulustigendaseins ein, als jemand aus dem Produktionsteam zu mir herüberlief.

»You can scate, man?«, fragte mich der Assistent und sah an meinen Beinen hinunter, bis seine Augen meine Rollschuhe erreicht hatten.

»No, I have allowed myself to settle here by Helicopter!«, antwortete ich und grinste.

»Really?«, fragte er. Mein Gott, waren die Amis leichtgläubig.

»No, man. That's german humor. Of course I can do it!«
Dann erst begriff er meinen Witz und wollte wissen, ob

ich kurz den Part des etwas zu kurz geratenen und deshalb wenig heldenhaften Retters einnehmen wollte – und falls ja, was ich dafür verlangen würde.

»500 bucks«, sagte ich. »And if you say no now and you'll come back, it's 550!«

Er erschrak ein bisschen, erklärte mir dann, dass 500 Dollar ein zu hoher Preis für diese kurze Szene wären, und ging. Natürlich blieb ich stehen und beobachte, wie er zum Aufnahmeleiter zurücklief und mit diesem hektisch gestikulierend verhandelte. Zwei Minuten später war er wieder da.

»550? It's okay, man«, sagte er.

Ich überlegte kurz, ob ich meinen Tarif noch etwas in die Höhe schrauben sollte, beließ es dann aber dabei und fuhr die paar Meter zum Drehort hinüber. Nach einer kurzen Einweisung durch den Regisseur rollte kurz darauf also nun ich statt der Parkuhr in die Menschenmenge, fischte Frau Electra heraus, packte sie unter den Armen und brachte sie sicher zur Kulisse der Küstenwachen-Station, die etwas abseits aufgebaut war. Nach zwei Takes hatte ich die Angelegenheit erledigt, dem Seriencharakter Lani McKenzie das Leben gerettet und offenbar bei den Verantwortlichen einen guten Eindruck hinterlassen, denn bereits während ich für die Bezahlung meine Personalien abgab, fragte mich der Assi, ob ich am folgenden Tag nochmals Zeit hätte. Ich sagte zu, woraufhin ich für den Abend zur Crewparty in den »Viper Room« eingeladen wurde. Ich staunte ungläubig, aber die meinten das tatsächlich ernst! Und so marschierte ich einige Stunden später in den bekanntesten Nachtklub Hollywoods, der damals noch Jonny Depp gehörte, trank und feierte mit dem gesamten »Baywatch«-Stab und lehnte zu fortgeschrittener Stunde betont höflich Carmen Electras Aufforderung zum Tanz ab – ich wollte die knapp einen halben Meter kleinere Schönheit ja nicht verletzen.

Am nächsten Morgen sollte ich noch ein paar Mal durchs Bild fahren, was ich für neuerliche 550 Dollar selbstverständlich gerne tat. Dann verabschiedete ich mich nach getaner Arbeit von den netten Filmleuten und wollte mich gerade vom Acker machen, da kam schon der nächste Vogel auf mich zu. Auch dieser Typ gehörte anscheinend zu einer lokalen TV-Produktion und fragte mich, ob ich mit den Blades eventuell sogar ein paar Sprünge drauf hätte. Ich wunderte mich schon gar nicht mehr, was man hier alles beim Frühsport an der Strandpromenade erleben konnte, aber auch diesen Wunsch konnte ich erfüllen: Seit meiner Kindheit, als ich den Sport quasi wettkampfmäßig ausübte und natürlich erst recht seit meiner langen Kufentätigkeit für die Düsseldorfer EG fuhr ich auf derartigen Geräten wirklich gut und gerne. Folglich landete ich auch noch in der hierzulande nicht ganz so bekannten Serie »Pacific Blue – Die Strandpolizei«, in der ich todesmutig über ein Fahrrad hüpfen musste.

Bevor ich jedoch mit meinen Künsten Hollywood vollends erobern konnte – ein leibhaftiger Buchungsagent hatte mir nach meinen drei kurzen Gastauftritten bereits seine Visitenkarte gegeben, um mich in seine Kartei aufzunehmen – zwang mich allerdings die unaufschiebbare Erledigung einiger formaler Dinge, zurück nach Deutschland zu fliegen. Ich ahnte noch nicht, dass mein Abstecher in das Land der unbegrenzten Möglichkeiten nach knapp zweieinhalb Jahren schon wieder so gut wie zu Ende war: Zuhause in Düsseldorf lernte ich Jenny kennen.

Diese Frau, die mir gewissermaßen einfach so über den Weg lief, passte eigentlich überhaupt nicht in mein Beuteschema. Sie war rothaarig, was mich bis dahin immer eher abgeschreckt hatte. Aber bei ihr sah das aus unerfindlichen Gründen einfach toll aus. Ihr Sternzeichen war Stier, und dementsprechend legte sie sehr viel Wert auf ihr Äußeres, auf Mode, Schmuck und Kosmetik. Das gefiel mir. Außerdem sang Jenny in einer Girlgroup und managte nebenbei ein paar Go-Go-Tänzerinnen und Stripperinnen für Diskotheken, was ihrer Aura etwas Geheimnisvolles verlieh. Das gefiel mir auch.

Ein paar Wochen, nachdem wir uns nähergekommen waren, nahm ich sie zunächst mit nach Santa Monica. Anfangs wollte ich sie noch für den California Lifestyle begeistern, aber sie machte mir schnell und unmissverständlich klar, dass ihr das dauerhafte Leben dort nicht gefiel. Also packte ich Jenny, meine sieben Sachen und meine Victorias-Secret-Dessous und verließ die Vereinigten Staaten wieder in Richtung Heimat. Nicht nur wegen meiner neuen Freundin vermisste ich die USA jedoch recht schnell nicht mehr. Auch drei für mich wesentliche Dinge waren mir dort langsam, aber sicher total auf die Nerven gegangen: Erstens zermürbte mich das Wetter. Wann immer ich aus dem Fenster sah, war es entweder heiß, sonnig und wolkenlos – oder es ging gleich die Welt unter, sodass man bei tagelangem Dauerregen komplett in der Wohnung festsaß und nicht einmal mit dem Motorrad um den Block fahren konnte, um einzukaufen. Außerdem konnte man dort nicht wirklich anständig essen gehen. Weit und breit gab es kein vernünftiges Lokal, in dem beispielsweise ähnlich gute Küche angeboten wurde wie in Düsseldorf, und wenn doch mal ein Restaurant zumindest in die kulinarische Nähe meines guten, alten Lieblingsitalieners gelangte, musste ich gleich drei- oder vierhundert Dollar für ein Dinner hinlegen, vom lausigen Kaffee der Amis mal ganz abgesehen! Und schließlich störte mich auch der Sex: Entweder, meine amerikanischen Eroberungen legten sich steif auf den Rücken und vermittelten die Hingabe eines Bügelbretts. Oder sie waren gleich so prüde, dass sie jegliche Passion im Keim erstickten und überaus pikiert auf sinnliche Dinge reagierten beziehungsweise mir gleich eine schmierten.

Jenny dagegen war ein Vulkan. Sie brodelte vor Leidenschaft, was mir einerseits ungeahnte Höhenflüge im Bett verschaffte – was leider andererseits aber zu lautstarken Streitereien praktisch im Stundenabstand führte. Unser Leben bestand eigentlich nur aus erbitterten Kämpfen und bedingungslosen Versöhnungen. Ich kannte mich gar nicht wieder! Diese Beziehung raubte mir an manchen Tagen jegliche Kraft und sorgte an anderen Tagen für wahre Euphorieschübe. Dennoch oder vielleicht gerade deshalb entschloss ich mich, mich auch ihr gegenüber nach einer gewissen Zeit zu offenbaren. Wieder wurde meine Menschenkenntnis nicht enttäuscht: Jenny reagierte ebenfalls entspannt auf meine vertraulichen Informationen und ließ mich gewähren, wann immer mein inneres Verlangen, eine Frau zu sein, zu groß wurde. Oft jedoch war das ohnehin nicht mehr der Fall. Dazu war diese Liebe zu stressig!

Symptomatisch für das ständige Auf und Ab mit ihr war unser Abstecher nach Florida, den ich mit ihr noch während unserer gemeinsamen Zeit in Santa Monica unternehmen wollte. Über Daytona, Orlando und Fort Myers sollte es bis nach Miami gehen. Ich hatte mir richtig Mühe bei den Reisevorbereitungen gegeben und fand, dass dieser Trip einige schöne Erlebnisse versprach. Stolz stellte ich Jenny die Route für die nächsten Tage vor.

»Wie soll das gehen?«, fauchte sie, nachdem ich sie in meine Reisepläne eingeweiht hatte.

»Was meinst du damit, wie das gehen soll?«, fragte ich konsterniert zurück.

»Ich kann echt nicht jeden Tag aus dem Koffer leben, das weißt du! Ich mache den Scheiß nur mit, wenn wir mindestens fünf Tage am selben Ort bleiben!«

Abgesehen davon, dass mich ihre Reaktion sehr traurig machte, war ihre Argumentation natürlich völliger Quatsch, denn wir konnten beispielsweise unmöglich für fünf Tage in Cape Canaveral bleiben, wo wir einen Space-Shuttle-Start beobachten wollten – was auch das Einzige war, was man dort überhaupt machen konnte. Die anderen vier Tage hätten wir vielleicht noch die Parkbuchten am Kennedy Space Center zählen können. Schon von vornherein stand der ganze Urlaub folglich unter einem schlechten Stern. Kurz darauf hatte sie ihre Sonnenbrille irgendwo liegenlassen. Die Neubeschaffung eines ähnlichen Modells kostete uns den kompletten zweiten Tag der Reise. Nicht, dass es ein Problem gewesen wäre, eine Designerbrille aufzutreiben. Aber sie machte ein derartiges Drama aus der Sache, dass ich um ein Haar durchdrehte.

Die nächste kleinere Katastrophe bahnte sich an, als wir ins »Pure Platinum« in Fort Lauderdale gingen, das zu den angesagtesten Strip Clubs weltweit gehörte. Die Damen, die dort tanzten, waren fast durch die Bank sehr ansehnlich – bis auf zwei Ausnahmen, die ausgerechnet an unserem Tisch ihre Dienste angeboten hatten. Nach den beiden Ausfällen kamen erstaunlicherweise überhaupt keine weiteren Ladies mehr zu uns, was ich persönlich sehr bedauerte, denn die Highlights des hiesigen Unterhaltungsprogramms hätte ich mir gerne von Nahem angeschaut, wenn ich nun schon mal hier war. Aber irgendwie wurden wir von den Stripperinnen gemieden, als hätten wir die Krätze. Nachdem wir den Schuppen wieder verlassen hatten, stellte sich auch heraus, warum: Jenny hatte die Mädels ermahnt, ihre durch und durch schwule Begleitung gefälligst in Ruhe zu lassen. Auch der sich daraus ergebende Streit trug nicht zu einer besseren Stimmung bei, und mein Geschimpfe hörte man wahrscheinlich bis in den wolkenlosen Himmel.

In Key West wiederum war ihr das vollkommen saubere Zimmer nicht sauber genug, und nachdem das Putzgeschwader das dritte Mal anrückte und wir uns in den Badfliesen bereits spiegeln konnten, wäre ich am liebsten im Erdboden versunken. Im weiteren Verlauf der Tour meckerte sie ständig am Essen herum, bestellte sich Sachen, die sie nicht kannte, und ließ diese zurückgehen, fand die Hotels, die ich ausgesucht hatte, nicht edel genug und lehnte es ab, die Universal Studios zu besichtigen, nur weil ich schon einmal dort gewesen war.

Danach war ich mit den Nerven durch. Und es wurde nicht besser, weder in Düsseldorf noch auf den Malediven noch sonst wo auf der Welt. Warum ich mir diesen Wahnsinn dennoch fast siebeneinhalb Jahre lang gab, lässt sich im Nachhinein nicht mehr vollständig rekonstruieren. Jedenfalls war ich heilfroh, als ich endlich die Kraft gefunden hatte, einen Schlussstrich zu ziehen. Danach war ich wieder frei. Es gab noch die ein oder andere Liebelei in meinem Leben, aber nichts, was wirklich von Dauer gewesen wäre. Nach der Trennung von Jenny fand ich langsam wieder zu mir selbst zurück. Hinzu kam ein schrecklicher Unfall, der mich zum Umdenken bewegte. Ich war gerade mit meinem Motorrad vom Mittagessen im »Poccino« unterwegs zu einem Termin. Meine Leidenschaft für schnelle und schwere Zweiräder war schon immer stark ausgeprägt und gipfelte in einer »Boss Hoss«, einer amerikanischen Monster-Maschine mit einem V8-Motor, über 400 PS und einem Gewicht von einer halben Tonne, so dass man einen Rückwärtsgang benötigte, um das Ding überhaupt in eine Parklücke manövrieren zu können. Auf der Straße aber war die »Boss Hoss«, in der ein Chevrolet-Corvette-Motor seinen Dienst verrichtete, das ultimative Fortbewegungsmittel – mit dem zusätzlichen Vorteil, dass man sie selbst in Italien problemlos an jeder Ecke abstellen konnte, weil sich kein Dieb an den fahrbaren Koloss herantraute.

Ich stand also nichtsahnend an einer roten Ampel mitten in der Düsseldorfer City, als ich einen unfassbar heftigen Schlag spürte. Bruchteile von Sekunden später konnte ich in den zweiten Stock eines Bürogebäudes gucken, und wiederum ein paar Augenblicke später knallte ich mit dem Hintern voran auf den Asphalt. Im ersten Moment nach dem Aufprall wollte ich die Fahrbahn verlassen, aber es ging nicht: Ich spürte meine Beine nicht mehr! Mit letzter Kraft robbte ich in Richtung Bordstein und versuchte zu begreifen, was gerade passiert war. Kurz darauf trafen Polizei und Rettungsdienst ein und erklärten mir, dass ein

Auto ungebremst auf mich aufgefahren war. Mich überkam die blanke Panik. Was, wenn ich gelähmt wäre?

Im Krankenhaus stellte sich nach eingehender Untersuchung heraus, dass, wie durch ein Wunder, nichts gebrochen war, sondern lediglich ein paar Prellungen, massive Stauchungen und schwere Quetschungen die Folge waren. Das war nicht schön, aber immer noch deutlich besser, als eine Lähmung. Ein Freund holte mich einige Stunden später ab, und ich fuhr auf dem Beifahrersitz kniend nach Hause.

Als ich bäuchlings auf der Couch lag, alleine und voller Schmerzen, wurde mir klar, dass ich etwas ändern musste. Der Unfall war ein Zeichen! Ich wäre vorhin beinahe draufgegangen, und diese Tatsache verdeutlichte mir, dass ich nicht einfach so weitermachen konnte mit all dem Blendwerk, das auch dazu führte, dass ich immer riskanter und unachtsamer mit meinem Leben umging. Zuletzt fuhr ich, im wahrsten Sinne des Wortes, meinem Schicksal in einem Affenzahn davon. Das hatte jetzt ein Ende! In diesem Zusammenhang sollte sich auch meine weibliche Seite ihren angemessenen Platz zurückerobern.

Ich konnte also von mir behaupten, ein glücklicher Mensch gewesen zu sein, als ich an jenem Nachmittag ein paar Jahre später ohne irgendeine bestimmte Absicht ins »Poccino« ging, um einen Kaffee zu trinken. Aber ich konnte nicht ansatzweise ahnen, wie glücklich ich erst sein würde, nachdem ich diese wunderhübsche Frau ansprach, die dort ganz alleine an einem Stehtisch stand, an ihrer Espressotasse nippte und etwas verloren in die Gegend blickte. Es war, daran bestand für mich kein Zweifel, Liebe auf den ersten Blick.

Alex goes (Nicki)

Wie aus einem echten Macho
eine wahre Powerfrau wurde

Wow, dachte ich nur, nachdem mir Alex das alles so ausführlich wie nötig und so knapp wie möglich erzählte, damit ich die gegenwärtige Situation zumindest halbwegs begreifen konnte. Wow! Das war fraglos eine verrückte, ergreifende und nicht zuletzt auch sehr faszinierende Geschichte, die er in den vergangenen Jahrzehnten durchlebt hatte. Natürlich war ich immer noch etwas erschrocken, dass auf der Rückseite seiner durch und durch männlichen und manchmal auch etwas rauen Fassade nicht nur ein sehr weiches, verletzliches Wesen zum Vorschein kam, das bis zu diesem Punkt offenbar viele Hindernisse und Widerstände überwinden musste. Sondern allem Anschein nach auch und tatsächlich: eine Frau.

Zunächst ging für uns beide alles weiter wie gehabt. In der ersten Zeit nach seinem Outing mir gegenüber rückte das Thema etwas in den Hintergrund, weil ich meinen Weg, mit der Sache umzugehen, noch nicht hundertprozentig gefunden hatte. Zum Glück ließ mir Alex diese Zeit.

Ich recherchierte damals viel im Internet und sammelte alle Fakten über Transsexualität, die ich finden konnte. Ich lernte jedoch schnell, dass dieser Begriff eigentlich in die Irre führte, denn sein inneres Verlangen hatte rein gar nichts mit irgendwelchen sexuellen Vorlieben zu tun, wie das Wort jedoch assoziierte. Alex war, wie rund 0,2 Prozent aller anderen Männer auch, höchstwahrscheinlich einfach mit den aus seiner Sicht verkehrten Geschlechtsorganen geboren worden.

Auch sonst kam ich mit der gängigen wissenschaftlichen Definition bei meinem Freund nicht unbedingt weiter. Die Forscher sprachen in solchen Fällen gerne etwas abschätzig von so genannten »Transfrauen«, und etliche Anzeichen trafen natürlich durchaus auf Alex zu: etwa das Gefühl, »anders« zu sein, das er schon in seiner Kindheit verspürte und das er anfangs eher unbewusst mit seinen Puppen und später dann immer bewusster durch das Tragen der Kleidung seiner Mutter auslebte. Auch die offenkundige Überkompensation, die bei ihm zu einer ungeheuren Leidenschaft führte für alle Arten von knüppelharten Sportarten, Kampfkunst, Motorrädern, Booten oder schnellen Autos, schien nicht vollkommen untypisch für Männer zu sein, die sich in ihrem Körper nicht zu Hause fühlten. Andererseits machte er überhaupt nicht den Eindruck, psychische Probleme zu haben oder unter besonders großem Druck zu stehen. Er litt nicht an Depressionen, und Drogenmissbrauch gab es bei ihm ebenfalls Gott sei Dank niemals in seinem Leben. Und schon gar nicht konnte oder wollte er darauf verzichten, auch und gerade ein Mann zu sein – etwa, wenn es darum ging, mich vor der großen, bösen Welt zu beschützen. Er brauchte unbedingt das Gefühl, mein Hütewolf zu sein. Selbst, wenn ich das gar nicht einforderte.

In diesem Zusammenhang machte ich mir irrsinnig viele Gedanken, auf welche Weise wir unsere Beziehung fortsetzen würden. Allerdings stand für mich eines erstaunlich schnell fest: dass wir sie fortsetzten! Der allererste Reflex, einfach nur weit wegzulaufen, war verschwunden und kam auch nicht wieder. Ich glaubte, anders als Alex, nicht an Liebe auf den ersten Blick. Bei mir ging das wirklich tiefer, und die nachhaltige Analyse meiner eigenen Gefühle ergab, dass ich auf den männlichen Alex nicht verzichten wollte – und dass mich der, nun ja, weibliche Alex interessierte. Letzterer – oder vielleicht auch Letztere – forderte denn auch nach und nach einen immer größeren Platz in unser beider Leben ein.

Auch Alex fand nun immer mehr Mut, zu seiner Weiblichkeit zu stehen. Er zog sich nicht länger heimlich in seiner Geheimgarderobe um, wenn sich die Gelegenheit ergab, sondern bezog mich in seine Metamorphosen mit ein. Wir unterhielten uns darüber, welche Kleidungsstücke am besten zusammenpassten, wie er seine Perücken tragen sollte oder wie er seinen Gang optimieren konnte. Er wagte sich nach einer gewissen Zeit an meiner Seite sogar als Frau aus dem Haus. Zuerst nur im Dunkeln und für einen kurzen Gang um den Häuserblock, aber das reichte ihm auch schon erst einmal für den Anfang.

»Was hältst du davon, wenn ich ganz als Frau leben würde?«, fragte er mich eines Tages, als wir beim Frühstück saßen.

»Was meinst du damit, ganz als Frau?«, fragte ich zurück, obwohl ich natürlich die Antwort kannte.

»Na, dass ich auch nach außen hin nicht mehr Alex bin. Sondern jemand anderes. Eine Frau eben. Für immer!«

Ich schluckte.

»Schau, es ist doch total nervig, dass ich jeden, der an der Haustüre klingelt, bitten muss, einen Augenblick zu warten. Ich lüge den Leuten vor, dass ich gerade aus der Dusche komme oder sonst etwas mache – nur, weil ich Zeit gewinnen muss, um mich wieder in Alex zurückzuverwandeln. Du weißt, wie oft es hier klingelt. Ich mag das einfach nicht mehr«, sagte er. »Und das ist ja nur die Spitze des Eisberges.«

Ich spürte, dass es ihm sehr ernst war. Die Freiheiten, die ich ihm ließ in den letzten zwei Jahren, seit wir nun schon zusammen waren, hatten selbstverständlich Begehrlichkeiten geweckt. Ich bemerkte, wie er immer mehr Sicherheit für seine andere Seite gewann. Er hatte intensiv zu recherchieren begonnen, etwa bei der »Deutschen Gesellschaft für Transidentität«, die auf ihren Internetseiten Betroffenen unter anderem Ratschläge gibt, welche individuellen geschlechtsangleichenden Maßnahmen sich jeweils eignen könnten. Auch andere Transsexuelle rückten in sein Blickfeld – und er entdeckte Lily Ghalichi, eine amerikanische Bloggerin und Kosmetik-Unternehmerin, die von einem einst pummeligen und eher grobschlächtigen Teenager mithilfe der modernen plastischen Chirurgie zu einer Art »persischen Barbie« mit Millionen Fans wurde. Eine Verwandlung, die ihn faszinierte.

»Guck mich doch an. Mein Schädel ist total männlich, meine Nase, mein Kinn, alles«, sagte Alex. »So sieht doch keine Frau aus. Da nutzt die beste Schminke nichts!«

Ich war besorgt.

»Willst du wirklich an deinem Gesicht herumschnei-
den lassen?«, wollte ich wissen. Ich hatte davon gehört, dass
sich viele Transsexuelle zunächst Brustimplantate einsetzen
ließen. Diese Vorstellung fand ich zwar auch gewöhnungs-
bedürftig. Aber die Kissen konnte man wenigstens wieder
herausnehmen, wenn man sich doch nicht hundertprozentig sicher war, ob diese Reise ans richtige Ziel führte. Dann
hatte man zwar zwei kleine Schnittnarben auf den Rippen,
aber man befand sich wieder im Urzustand.

»Nur Brüste sind echt Schwachsinn«, beschied mir
Alex. »Mit meiner Visage und zwei Titten sehe ich aus wie
eine Witzfigur. Und ich laufe ja auch nicht dauernd nackig
durch die Gegend. Wenn, dann muss ich mit dem Gesicht
anfangen. Lass mich mal die Nase richten, und dann sehen
wir weiter!«

Nun bekam ich doch etwas Schiss. Eine Nasenkorrek-
tur alleine wäre wahrscheinlich keine große Sache gewesen,
so etwas machten ja selbst zahlreiche etablierte Schauspie-
ler, ohne dass sie danach aussahen wie ein Alien. Aber mir
war klar, dass es zumindest mittelfristig dabei nicht bleiben würde. Wenn Alex wirklich weibliche Züge bekommen wollte, standen ihm einige heftige Operationen bevor, die er nicht mal eben bei einem kurzen Besuch beim
Beauty-Doc mit lokaler Betäubung hinter sich bringen
konnte. Außerdem wusste ich insgeheim, dass es nach der
ersten OP kein Zurück mehr gab. Dabei hatte ich gar nicht
mal so sehr ein Problem damit, dass Alex jetzt auch dauerhaft lieber eine Frau sein wollte – im Gegenteil: Ich war
vielmehr froh, dass er seine Bedürfnisse nicht vor mir ver-
heimlichte. Aber sollte er sich wirklich für die chirurgische
Lösung entscheiden, dann war sein Wunsch keine Angele-

genheit mehr, die lediglich wir beide miteinander ausmachen mussten. Es würde dann auch eine Sache sein, die alle anderen Menschen, die ihn und uns kannten, auf irgendeine noch nicht absehbare Art und Weise mit einbezog. Außerdem war mir klar, dass dieser Kerl als Frau einiges an Aufsehen erregen würde, so bestimmt und extrovertiert wie er nun mal auftrat. Und das waren schon Argumente, die mich zunächst zweifeln ließen!

»Wenn du damit ein Problem hast, dann mache ich es nicht«, sagte Alex, und er meinte es ernst.

Natürlich hatte ich ein Problem. Aber je länger ich mich damit auseinandersetzte, desto stärker wurde meine Überzeugung, dass mein Partner nie mehr wirklich glücklich werden würde, wenn er für immer der alte Alexander Klein bliebe. Das Tor zu seiner anderen Welt war nun aufgestoßen, und das, was an Gefühlen und Sehnsüchten seitdem dort hindurchgelangte, ließ sich nicht einfach wieder so dahinter einschließen.

»Du weißt, dass du für mich an erster Stelle kommst«, versicherte er mir. »Wenn du dagegen bist, dann finden wir einen anderen Weg. Wir können auch weitermachen wie bisher, das bekomme ich schon hin – und glaub' mir, es wäre vollkommen in Ordnung.«

Das, was er sagte – und vor allem: wie er es sagte –, wusste ich sehr zu schätzen. Es galt ja auch, ganz pragmatische Dinge zu durchdenken: Alex war ein Kerl durch und durch, und ich konnte behaupten, dass ich diesen Zustand durchaus auch genoss. Wie würde sich aber zum Beispiel unsere Sexualität verändern, wenn er demnächst zwei Brüste besaß? Würden die Dinger mich stören? Auch das waren, so blöd sich das anhört, natürlich ernstzunehmende

Aspekte, die sich nicht so einfach vom Tisch wischen ließen. Von heute auf morgen jedenfalls konnten wir diese Entscheidung nicht treffen.

So tasteten wir uns ganz behutsam immer dichter an das komplizierte Thema heran. Immerhin half mir dabei, dass ich die feminine Ader von Alex auch schon einige Zeit kannte, sie einzuordnen wusste – und immer häufiger sogar zu schätzen lernte: Seine weichen Seiten prägten sich nun noch stärker aus, und er war insgesamt viel sensibler als früher. Ich wusste auch, welchen Nagellack er mochte, welche Push-ups er trug und welchen Duft er favorisierte, was uns gelegentlich sehr witzige Diskussionen bescherte. Aber trotz allen Spaßes, den wir damals auch immer wieder hatten, wurde es irgendwann ernst: Nach Monaten des Hin und Her, nächtelangen Gesprächen und unzähligen Abwägungen für das Pro und das Contra war ich mir sicher, dass ich diesen großen, irreversiblen Schritt mitgehen konnte. Und dann war es so weit: Alex vereinbarte bei einem bekannten Nasenspezialisten eine Nasen-Korrektur. Der Eingriff sollte mithilfe einer relativ neuartigen Operationsmethode erfolgen, und wir waren uns sicher, dass das Ergebnis gut ausfallen würde.

Ein paar Tage nach der Behandlung hatten wir den Salat. Es trat ein, was nicht passieren durfte: Die OP ging fürchterlich in die Hose. Rein optisch sah seine Nase zwar etwas femininer aus als zuvor, aber trotzdem war sie schief und knubbelig. Was aber noch viel schlimmer war: Seine Nasenwände fielen als Folge dieses offenkundigen Ärztepfuschs viel zu stark nach innen, weshalb Alex kaum noch Luft bekam und sich abgeschnittene Strohhalme in die Nasenlöcher steckte, um besser atmen zu können. Sein neues Leben fing also nicht gerade vielversprechend an. Bevor sich dieser Fehler allerdings korrigieren ließ, musste erst einige Zeit ins Land gehen, sonst wäre alles noch viel bedrohlicher geworden.

Trotz der ersten Enttäuschung und der gesundheitlichen Sorgen, die sich daraus ergaben, wollte Alex weitermachen – und ich unterstützte ihn dabei nach Kräften! Wir fanden eine geeignete Kosmetikerin, die ihm die Fingernägel machte und die Wimpern verlängerte. Sein Barthaar musste gelasert werden, um es dauerhaft zu vertreiben, und zusätzlich machten wir uns auf die Suche nach einem Spezialisten, der die leidigen Perücken überflüssig machte, indem er für mehrere tausend Euro passende und extrem lange Extensions anfertigte. Parallel dazu sollte die Haut mit Hyaluronsäure, Botox und Hormonen behandelt werden, um sie straffer, weicher und somit weiblicher zu machen. Weitergehende Hormonbehandlungen lehnte Alex aber ab, und ich war froh darüber. Erstens barg die dauerhafte und massive Gabe von Östrogenen nicht gerade geringe Risiken. Außerdem hätte sich dann unter Umständen auch seine Libido verringert. Und das musste ja nicht unbedingt sein!

Wir behielten, auch wenn es in dieser Zeit manchmal schwerfiel, das Ziel immer im Blick. Natürlich verspürte ich währenddessen große Ängste – sowohl vor den jeweils bevorstehenden Schritten als auch vor dem zumindest vorläufigen Endergebnis, das in nicht allzu ferner Zukunft feststehen würde. Noch war mir das alles etwas unheimlich, während Alex vor allem damit zu tun hatte, sein Körperumbautraining voranzutreiben: Seine stattliche Muskelmasse musste drastisch reduziert werden, und von knapp unter 100 Kilo auf knapp unter 70 Kilo abnehmen musste er auch, bevor die nächste Operation möglich war. Und nach dieser würde Alex dann endgültig nicht mehr Alex sein. Sondern – ja wer eigentlich?

»Wie willst du eigentlich heißen?«, fragte ich ihn irgendwann.

Ich fand, dass das eine sehr gute Frage war!

»Alicia«, sagte Alex, und es klang, als habe es für ihn nie eine andere Option gegeben.

Ich stutzte kurz. Alicia, diesen Namen hatte ich überhaupt nicht auf dem Schirm.

»Alicia Victoria Fabienne«, ergänzte Alex und lächelte.

»Wie kommst du denn darauf?«, wollte ich wissen.

»Na ja, es muss auf jeden Fall etwas glamouröses sein«, fand er. »Aber meine Initialen möchte ich schon beibehalten. Außerdem soll es ja noch ein kleines bisschen nach Alex klingen, und Alexandra ist ja voll blöd! Victoria finde ich gut, weil ich Victoria Beckham gut finde. Und Fabienne ist der Name eines Models, das ich mal gesehen habe und das ein so schönes Gesicht hat, wie ich es gerne hätte. That's it!«

»Alicia Victoria Fabienne Klein?«, fragte ich. »Das hört sich irgendwie komisch an.«

»Nee, ganz sicher nicht Klein«, sagte Alex energisch. »Stell dir mal vor, jemand sagt Frau Klein zu mir. Da muss ich ja ständig an meine Mutter denken. Das ertrage ich beim besten Willen nicht, da bekomme ich Plaque und garantiert wieder ein Magengeschwür.«

»Aber was willst du dann nehmen?«

»Wie wäre es mit Koe? Hat doch einen gewissen Charme für eine Düsseldorfer Dame«, lachte Alex.

Ich fand das weniger lustig. Immerhin verstand ich den Wunsch, die alten Initialen zu behalten: Sie befanden sich auf jedem Kfz-Nummernschild, das er jemals zugelassen hatte. Und selbst die Rio besaß die Kennung »AK-3«. Doch an den Nachnamen, den ich immer und immer wiederholte, konnte ich mich nicht gewöhnen! Alicia »Koe«, das klang nicht gut. Nach meinem Dafürhalten passte das überhaupt nicht zusammen und hörte sich absolut gekünstelt an, doch der Wille von Alex war auch während der bisherigen Behandlungen nicht weniger störrisch geworden. Schließlich fügte ich mich. Wer in letzter Konsequenz damit leben musste, das war ja auch – sie!

Ein dreiviertel Jahr nach der Nase war das restliche Gesicht an der Reihe. Alicia hatte sich einige Bilder von Frauen ausgedruckt, deren Augen- und Kinnpartie oder Jochbeine ihrer Idealvorstellung am nächsten kamen. Natürlich war auch Lily Ghalichi darunter. Und mit diesen Vorlagen sollte sich der Chirurg dann ans Werk machen. Wir waren während der Vorbesprechungen natürlich umfassend über die Gefahren der Korrekturen informiert worden, was mein mulmiges Gefühl nicht gerade verringerte. Alicia aber war locker und scherzte – obwohl ihr an den empfindlichsten Stellen ihres Kopfes Implantate eingesetzt, überschüssige Hautstücke entfernt und Füllmittel injiziert werden mussten, um höhere Wangenknochen zu erzeugen, den Augenschnitt zu verändern oder den Abstand zwischen Nase und Lippe zu verkleinern. Kurz vor der OP musste sie unterschreiben, dass sie alle Risiken zur Kenntnis genommen hatte – und das waren im schlimmsten Fall Infektionen, Narbenbildung oder Abstoßungsreaktionen des Körpers. Zum Glück trat all das nach der mehrere Stunden dauernden Operation nicht ein. Aber auch ohne diese Komplikationen war ihr Anblick am nächsten Tag verheerend.

Als ich in ihr Krankenzimmer kam, schreckte ich im ersten Moment zurück. Alicia sah aus wie ein prall gefüllter Ballon. Ihr Gesicht ließ keinerlei natürliche Form mehr erkennen, es war knallrot und so stark angeschwollen, wie ich es noch nie bei einem Menschen gesehen hatte. Es war, als habe sie am Vortag gegen beide Klitschko-Brüder gekämpft und sei danach noch von einem Schwarm aggressiver Bienen zerstochen worden. Zu meinem Schock gesellte sich dann noch eine gehörige Portion Mitleid. Ich befürchtete, dass sie massive Schmerzen hatte, und spürte, wie mein Herz deswegen blutete. Es war das erste Mal, dass ich eine Art Beschützerinstinkt ihr gegenüber verspürte – so, wie ihn Alex mir gegenüber stets an den Tag legte. Nun aber fühlte ich mich regelrecht verantwortlich für Alicia, die dort stark lädiert in ihrem Bett lag, kaum sprechen konnte und ihre Nahrung mittels eines Strohhalmes zu sich nehmen musste.

Glücklicherweise hatte sie von Alex neben dem Sturschädel auch einige positive Eigenschaften mit hierhergenommen. Dazu gehörte auch, dass sie sich nicht leicht unterkriegen ließ – und ein bemerkenswertes Heilfleisch besaß, das es ihr ermöglichte, schon drei Tage nach der Mammut-Operation auf jegliche Schmerzmittel verzichten und nach Hause mitkommen zu können. Bis wir unsere Wohnung allerdings gemeinsam wieder verlassen konnten, sollte es noch weitere zwei Wochen dauern. Wäre Alicia vorher auf die Straße gegangen, hätten unsere lieben Nachbarn wahrscheinlich gedacht, sie sei ein Opfer häuslicher Gewalt geworden. Und das musste nun wirklich nicht sein. Die Vorstellung, mit ihr gemeinsam spazieren zu gehen, jagte mir auch so schon ausreichend Respekt ein. Denn noch hatten wir niemanden eingeweiht.

Bis es so weit war, ging es weiterhin Schlag auf Schlag: Nachdem gerade alle Wunden im Gesicht verheilt waren, stand noch eine andere, gewaltige Veränderung an: Alicia bekam Brüste! Und auch dieser Eingriff war leider kein Kinderspiel, im Gegensatz zu den meisten anderen Brustvergrößerungen bei anderen Frauen heutzutage. Weil Alex Zeit seines Lebens jede Menge Sport trieb und seine Muckis gerne oft und ausdauernd trainierte, war die Brustmuskulatur hart wie eine Stahlbetonplatte. Das Dumme war nur: Die beiden Silikonkissen mussten da irgendwie drunter, denn Alicia hatte sich für die sogenannte submuskuläre Variante entschieden. Die war zwar deutlich aufwendiger für den Arzt und sehr viel schmerzhafter für die Patientin, hatte aber den Vorteil, dass die Implantatränder hinterher kaum sichtbar waren, die Brust somit natürlicher wirkte und sich die Dinger später nicht absenken konnten. Alicias einziges Zugeständnis war, dass sie sich von ihrem ursprünglichen Wunsch nach einem D-Körbchen auf ein B-Körbchen herunterhandeln ließ, was bei 1,90 Meter Körpergröße oberweitenmäßig zwar nicht gerade wirkte, als begegnete man der leibhaftigen Barbarella, aber schlichtweg medizinisch nicht anders machbar war – das Gewebe hätte erst mal nicht mehr mitgemacht! Obwohl die Kissen nicht besonders üppig ausfielen, taten den Assistenten hinterher die Finger vom Auseinanderziehen des Brustmuskels weh, den Sportskanone Alex seiner Nachfolgerin Alicia hinterlassen hatte.

Als ich am nächsten Tag das erste Mal Alicias Ober-
weite betrachtete, schossen mir beinahe Tränen in die Augen: Das Ergebnis sah wirklich fantastisch aus! Alicia hatte
sich bereits in der Nacht zuvor begutachtet, weil sie es vor
Aufregung und wohl auch vor Schmerzen nicht mehr aushielt. Sie konnte nicht schlafen und musterte sich immer
wieder im kleinen Badezimmerspiegel. Und auch sie war
ergriffen vom Anblick des Menschen, der ihr da gegenüberstand und der ihr signalisierte, dass nun das Wirklichkeit geworden war, wovon sie schon so viele Jahre träumte:
Sie fühlte nicht nur wie eine richtige Frau – sie sah auch
wie eine aus, obenrum zumindest.

»Die Dinger sehen geil aus, oder?«, jubelte Alicia.

»Ja«, antwortete ich und war glücklich. Vor allem, weil
nicht zu übersehen war, wie sie strahlte. Sie hatte endlich ihre Bestimmung gefunden, und das zu beobachten
war wundervoll. Nur im Genitalbereich war noch ein gutes Stück Alex übrig geblieben, aber das war zum Glück
immer klar gewesen, denn Alicia lehnte den ultimativen
Schritt einer Unterleibsoperation von vornherein katego-
risch ab. Dass da auch jetzt noch ein Penis war, störte sie
nicht, mich schon gar nicht – und ohne das Teil wären die
medizinischen oder psychischen Folgen noch weitaus un-
absehbarer geworden.

Nun galt es noch, die rechtlichen Rahmenbedingungen
neu zu definieren. Für Alicia war es – wie für die meisten
anderen Betroffenen – immens wichtig, dass sich ihr neues
Geschlecht künftig auch in allen offiziellen Dokumenten
wiederfinden würde. Um jedoch mit dem Segen der deutschen Obrigkeit zur Frau zu werden und auch ihren Na-

men ändern zu können, musste sie zunächst einen Antrag beim zuständigen Amtsgericht stellen. Die gesetzlichen Voraussetzungen für diese Schritte lauteten im schönsten Behördendeutsch, dass »sie sich nicht mehr dem in ihrem Geburtseintrag angegebenen Geschlecht als zugehörig« empfand und »seit mindestens drei Jahren unter dem Zwang stand, ihren Vorstellungen entsprechend zu leben«. Außerdem sollten noch zwei unabhängige Gutachter beurteilen, ob mit hoher Wahrscheinlichkeit anzunehmen war, dass sich ihr Zugehörigkeitsempfinden zum anderen Geschlecht nicht mehr ändern würde.

Als wir vor Gericht erschienen, um meinen und Alicias Standpunkt glaubhaft darzulegen, waren schon zwei Transsexuelle vor uns da. Die beiden Neu-Mädels waren entsetzlich angezogen, ohne jeden Sinn für Ästhetik und Geschmack. Alicia und ich sahen uns nur kurz an und wussten, dass wir gerade das Gleiche dachten: Wie konnte man nur in einem solchen Aufzug zu so einem wichtigen Termin erscheinen! In diesem Augenblick merkte ich, dass sie wirklich wie eine Frau fühlte. Die anschließende Vornamensänderung war relativ einfach. Die beiden Gutachter waren diesbezüglich auf Alicias Seite, also gab es hier keinerlei Komplikationen. Anstelle von Alexander wurde nun »Alicia Victoria Fabienne« im Standesregister eingetragen – so, wie sie es schon lange geplant hatte. Mit den weiteren Anpassungen sah das allerdings leider ganz anders aus. Der Richter weigerte sich, den neuen Geschlechtseintrag vorzunehmen.

»Ohne Unterleibsoperation kann ich Ihnen das nicht bewilligen«, sagte der Vorsitzende ernst.

»Sie verlangen ein Blutbad mit unkalkulierbaren Spätfolgen, wissen Sie das eigentlich?«, wurde Alicia sauer und klang für einen kurzen Moment wie Alex zu seinen cholerischsten Zeiten, obwohl sie extra unter professioneller Anleitung Stimmübungen gemacht hatte, um höher sprechen zu können.

Aber wir konnten nichts machen – so und nicht anders war damals nun mal die gesetzliche Situation. Der begehrten »Personenstandsänderung«, so die amtliche Bezeichnung für diesen Vorgang, hätte eine Penis-Amputation vorausgehen müssen, samt Entfernung der Hoden und Einsetzung einer künstlichen Vagina. Was das für die Menschen bedeutete, die einen solch massiven Eingriff über sich ergehen ließen, vermochte ich mir nicht einmal in meinen schlimmsten Albträumen vorzustellen, deutlich erhöhte Selbstmordraten inklusive. Außerdem hatten wir beide ja längst miteinander besprochen, dass das für Alicia nicht in Frage kam.

Auch mit dem Nachnamen »Koe« kamen wir im Nachhinein nicht durch. Zwar wurde Alicia bescheinigt, dass ihr Änderungswunsch grundsätzlich genehmigungsfähig war, sie sich also ihren neuen Namen eigentlich frei aussuchen konnte. Nur genau dieser durfte es nicht sein – die Stadt Düsseldorf sperrte sich und pochte darauf, dass der Begriff als umgangssprachliche Bezeichnung für die Königsallee städtisches Allgemeingut sei. Alicia ließ sich die Argumentation – wie zu erwarten war – nicht gefallen und ging in die nächste Instanz. Das Verwaltungsgericht tat sich dann lange Zeit sehr schwer. Solch einen Fall hatte es in Deutschland noch nie gegeben! Am Ende aber wurde »Koe« als reine Abkürzung eingestuft und unser Antrag abgewiesen. Ich machte keinen Hehl daraus, dass ich darüber nicht besonders traurig war. Außerdem stellte sich die

Niederlage vor Gericht rasch als echter Glücksfall heraus. Nicht nur, dass uns unsere holländischen Freunde erklärten, »Koe« bedeute in Holland nichts anderes als »Kuh«. Eine Bekannte aus Frankreich erzählte auch noch lachend, dass »Koe« lautmalerisch in einer, nun ja, robusten Form des Französischen etwas ganz anderes benannte: Beinahe wären wir in Frankreich als Frau und Frau »Schwanz« durch die Gegend gelaufen. So direkt wollte selbst Alicia den Franzosen nicht mit der Tür ins Haus fallen.

»Warum wolltest du überhaupt diesen lustigen Namen, Koe?«, fragte unsere Freundin dann noch.

»Im Grunde genommen möchte ich nur meine Initialen beibehalten«, antwortete Alicia.

»Wie wäre es mit ›King‹?«, fragte die Bekannte plötzlich. »Das ist international und total unverfänglich. Und die Anfangsbuchstaben stimmen auch.«

Ich hörte förmlich, wie es bei Alicia »Klick« machte.

»King meinst du? Na ja, warum eigentlich nicht?!«

Die Entscheidung war getroffen – und mir fiel ein Stein vom Herzen. Ich fand nicht nur, dass »King« vom Klang her noch viel besser zu ihr und uns passte als Alicias Ursprungsidee. Ich war auch heilfroh, nicht für immer als »Nicki Koe« durch die Gegend zu rennen.

In Sachen »Personenstandsänderung« tat sich unterdessen ebenfalls etwas: Da von Anfang an für Alicia feststand, dass sie keinesfalls einer Unterleibsoperation mit all ihren unabsehbaren Auswirkungen zustimmen würde, fing sie an, sämtliche Institutionen, die sich massiv gegen die Genitalverstümmelung von Frauen in Afrika einsetzten, auf die beinahe noch schlimmere Metzelei hinzuweisen, die der deutsche Staat in Fällen wie ihrem verlangte, wollte man als Transsexueller das Geschlecht auch formal ändern lassen. Parallel dazu klagte eine Leidensgenossin vor dem Bundesverfassungsgericht – wenn auch aus anderen Motiven, denn sie durfte keine eingetragene Lebenspartnerschaft mit ihrer Frau eingehen. Stattdessen hätte sie als Mann, als der sie sich nicht mehr empfand, mit der Partnerin in einer gewöhnlichen Ehe zusammenleben müssen, was sie verständlicherweise nicht wollte. Beides zusammen führte tatsächlich zum erwünschten Ziel: Am 11. Januar 2011 gab der Erste Senat der Dame recht – und damit auch Alicia. Und so gehörten diese beiden zu den ersten Transsexuellen, die ihren Penis behalten und doch mit dem Segen der Bundesrepublik Deutschland ganz offiziell zu einer Frau werden durften.

»Übrigens: Wenn mir jetzt etwas passiert, komme ich im Krankenhaus gleich auf die Frauenstation«, sagte Alicia zu mir, nachdem in ihrem Reisepass unter Punkt fünf das »M« für »Male« einem »F« für »Female« gewichen war. »Und wenn sie mich einbuchten, müssen sie mich ins Frauengefängnis stecken.« Was sich lustig anhörte, hatte einen ernsten Hintergrund, den mir Alicia sogleich erzählte: In Düsseldorf habe es mal den Fall eines Bekannten gegeben, der im Zuge einer groß angelegten Razzia in einem Szene-Lokal – obwohl vollkommen unbeteiligt – festgenommen und für drei Tage in Untersuchungshaft verbracht worden war. »Stell dir vor, ich lande auch mal wegen so einer blöden Geschichte im Knast – unter lauter frustrierten Kerlen, mit meinen künstlichen Brüsten und den langen Haaren. Was da alles passieren kann!«

Über was die sich so alles Gedanken machte, erstaunte mich doch immer wieder. Aber recht hatte sie!

Das Paket war jetzt also komplett, in jeder Hinsicht. Dadurch, dass Alex seit jeher über eine sehr starke Vorstellungskraft verfügte, die ihn über all die Jahre trug und dadurch wohl verhinderte, dass es ihn innerlich zerriss, veränderte sich gar nicht so viel in Alicias Weltanschauung und Verhaltensweisen. Alexander Klein hatte es geschafft, sich mittels relativ einfacher Hilfsmittel wie einer Perücke, eines Paares Brusteinlagen und einem Abendkleid in eine Frau zu verwandeln, und verschmolz für den Augenblick so sehr mit dieser Rolle, dass er schon damals wie eine Frau denken und fühlen konnte. Da war das jetzt eigentlich nur die Kür – mit einem gewaltigen Unterschied: Das neue Ich ließ sich nicht mehr ausziehen und abschminken. Wir mussten also überlegen, wie wir damit umgehen würden, denn wir wollten uns ja nicht für immer zu Hause verbarrikadieren.

Schon in den letzten Tagen machte Alicia erste Versuche, sich in die Öffentlichkeit zu wagen, wenn auch nicht gleich an die gewohnten Plätze. Das »Poccino« beispielsweise war also vorübergehend tabu. Stattdessen gingen wir ein paar Tage lang am Abend spazieren, wenn die meisten Leute schon zu Hause und die Straßen und Gehwege weitgehend leer waren. Es passierte: nichts. Danach machten wir uns auf den Weg in die Stadt. Und schließlich zog Alicia alleine los, absolvierte ihre Frisörbesuche oder ging in den Supermarkt einkaufen. Wieder passierte nichts Weltbewegendes, was in diesem Moment zu einer Verunsicherung hätte beitragen können. Wahrscheinlich wäre Alicia nicht mal erkannt worden, wäre sie einem von Alex' Freunden begegnet: Wer nicht mit einem solchen Zusammentreffen rechnete, dessen Verstand konnte die entsprechenden Bilder auch nicht zusammenbasteln. So geschah es tatsächlich wenige Tage später, als wir vom wöchentlichen Lebensmitteleinkauf bei Karstadt zurückkamen und mich ein gemeinsamer Bekannter, der als Gastronom des Düsseldorfer Jachtclubs Alex viel länger und besser kannte, ansprach und fragte, wann wir denn mal wieder in sein Restaurant kämen. Alicia stand etwas verunsichert daneben, bevor sie einfach langsam weiterging. Sie wurde vom Wirt des Bootshauses nicht eines einzigen Blickes gewürdigt, was selbst mich erstaunte. Trotzdem galt es, die Heimlichtuerei langsam, aber sicher zu beenden.

»Was machen wir denn nun?«, fragte ich Alicia, nachdem wir lange darüber nachgedacht hatten, wen wir überhaupt und in welcher Reihenfolge über ihr neues Leben informieren wollten.

»Eigentlich habe ich keinen Bock, dieselbe Geschichte hundert Mal zu erzählen«, sagte sie. »Da nehme ich besser eine DVD auf und drücke jedem eine davon in die Hand.«

Typisch Alicia, dachte ich. Immer schön ergonomisch vorgehen – aber wie sollten wir das umsetzen?

»Ganz einfach: Wir machen eine große Outing-Party«, schlug sie vor. »Da laden wir sie alle ein, und danach weiß jeder Bescheid.«

Ich hielt das für eine gute Idee, drängte aber trotzdem darauf, zumindest zwei enge Freunde vorab zu informieren. Ein so großes Event ließ sich schließlich nicht nebenbei organisieren. Einer davon hieß ebenfalls Alex, und er war im Grunde der Allererste außer mir, der Alicia kennenlernte. Seine Reaktion beruhigte mich schon mal.

»Irgendwie habe ich's doch gewusst«, sagte Alex, nachdem er seinen früheren Kumpel und Namensvetter als Frau in Augenschein genommen hatte.

»Wie – Du hast das gewusst?«, wunderte sich Alicia. »Das konnte man doch gar nicht wissen.«

»Ich kann's nicht näher begründen«, sagte Alex. »Aber manche Sachen kamen mir immer schon komisch bei dir vor.«

Alicia glaubte ihm nicht recht und tippte darauf, dass er nicht wusste, was er sonst sagen sollte, aber letztlich war es auch egal. Alex fiel nicht in Ohnmacht oder kippte sonst wie aus den Latschen, also war die erste wenn auch niedrige Hürde schon mal genommen.

Das Motto der Feier lautete »Alex goes«, und nachdem wir die Einladungen verschickt hatten, erreichten uns schnell zahlreiche besorgte Rückmeldungen – manche unserer Bekannten befürchteten eine unheilbare Krankheit, andere wollten wissen, wohin wir denn auszuwandern gedachten, und einige dachten schlicht an einen Gag. Aber wir hielten die Füße still und waren für niemanden zu erreichen. Mit jedem Tag, den das Ereignis näher rückte, wuchs unsere Aufregung, und mein Gefühl sagte mir, dass es allerhöchste Zeit wurde, den großen Knall endlich hinter uns zu bringen. Als Location sollte eine große Tiefgarage dienen, die sich unter einer der Immobilien befand, die früher Alex' Familie und nun Alicia gehörten. Sämtliche Stellplatzbesitzer waren von uns angeschrieben worden, damit diese ihre Fahrzeuge für vier Tage entfernten. Eine Spezialfirma übernahm dann die Ausstattung: Wir ließen ein DJ-Pult und zwei Theken aufbauen, eine professionelle Licht- und Soundanlange installieren und eine Gogo-Stange aufstellen. Für die engsten Weggefährten wurde sogar eine kleine VIP-Lounge errichtet, die auf der Fläche von drei Parkplätzen entstand, und auf eine große Leinwand sollten während der Feier hunderte Fotos aus Alexanders Leben projiziert werden. Das wichtigste Utensil jedoch war ein riesiges Porträt, das direkt am Einlass vor einem verborgenen Eingang hing und das ihn noch einmal allen Anwesenden zeigte, bevor er für immer verschwand. Schon der Gedanke daran verursachte bei mir Gänsehaut. Und dann, nach wochenlanger Vorbereitung, war endlich der Abend gekommen, an dem sich Alexander Klein ein für alle Mal von dieser Welt verabschieden sollte.

Tatsächlich waren fast alle unserer Einladung gefolgt: gute Freunde und alte Feinde, enge und lose Geschäftspartner, nette und weniger nette Klassenkameraden, Jachtklub-Mitglieder, diverse Ex-Freundinnen und auch sonst beinahe jeder, mit dem Alex in seinem Leben näher zu tun hatte. Und natürlich meine Familie, die ebenfalls nicht wusste, dass der bislang nur aus wenigen Treffen bekannte Schwiegersohn in spe nun eine Schwiegertochter war. Es fehlte nur Alex' Bruder, zu dem nach dem Verkauf der Firma überhaupt kein Kontakt mehr bestand und den Alicia auch nicht dabeihaben wollte.

Zuerst begrüßte ich zusammen mit einer Freundin die Gäste und versuchte, alle Nachfragen nach Alex so unauffällig wie möglich zu umschiffen. »Wartet doch ab«, sagte ich immer wieder – und hoffte, dass das Procedere bald vorüber war. Alicia wartete derweil von einem professionellen Visagisten perfekt geschminkt, opulent auftoupiert und in einem maßgeschneiderten, todschicken schwarzen Abendkleid hinter den Kulissen und gab sich alle Mühe, ihre Aufregung irgendwie im Zaum zu halten. Der Plan war, dass sie nach einer kleinen Pyro-Show durch das Bild von Alex trat und sich den Leuten live und in Farbe präsentierte. Ich war derweil per Funk mit ihr verbunden und sollte das Signal geben, wann sie vor aller Augen in ihr neues Leben treten würde.

Schließlich, nachdem alle Anwesenden vor der improvisierten Bühne versammelt waren und auf die diversen Stationen von Alexanders bewegtem Leben blickten, die gerade in Endlos-Schleife über die Leinwand flimmerten, startete auf mein Signal hin das Feuerwerk. Nach den ersten Explosionen wurde allerdings deutlich, dass wir leider die starke Rauchentwicklung außer Acht gelassen hatten, die unsere fulminante Outing-Ouvertüre naturgemäß produzierte, weshalb Alicia in ihrem Versteck beinahe erstickte! Ich war froh, dass sie es nach dem Ende des Spektakels – wenn auch recht kurzatmig – schaffte, im dichten Qualm und mittels eines Teppichmessers das mannshohe Alex-Bild zu zerschneiden und hindurchzutreten. Eigentlich hätte ich ihr noch einen Drink reichen sollen, an dem sie sich während ihrer nun folgenden Rede festhalten konnte, aber weil ich selbst ebenso durch den Wind war wie sie, dachte ich nicht mehr daran. Dafür sah ich abwechselnd von ihr zum Publikum, in dem es für einen Moment mucksmäuschenstill war. Und ich erkannte: eine hypernervöse Alicia – und hunderte überraschte, belustigte, verständnislose, faszinierte und entsetzte Gesichter.

»Hallo, ich bin Alicia«, sagte sie ins Mikrofon und bemühte sich, so fest wie möglich zu sprechen.

In diesem Augenblick ergriff der erste Gast in Gestalt einer langjährigen Freundin schreiend und weinend die Flucht. Oh mein Gott, dachte ich nur und hoffte, dass es keinen Eklat geben würde. Aber die schreckhafte Dame, die scheinbar noch vage Hoffnungen auf eine gemeinsame Zukunft mit Alex hegte, blieb die einzige Person, die auf diese Weise reagierte. Die anderen Anwesenden warteten ab, was das unbekannte Wesen da vorne wohl zu erzählen hatte. Alicia hatte sich am Nachmittag eine ganze DIN-A4-Seite mit wichtigen Dingen aufgeschrieben, die sie ihren Gästen unbedingt erklären wollte, aber das Lampenfieber, das sie logischerweise hatte, brachte die Reihenfolge leicht durcheinander. Trotzdem war ich erstaunt, wie locker und gelöst sie nach den ersten fahrigen Sätzen dann doch wurde – und ihre Entscheidung vor so vielen Bekannten begründete.

»Es war keine einfache Zeit«, sagte sie, nachdem sie beschrieb, seit wann sie schon diese verborgenen Gefühle in sich trug, wie schwer sie sich in ihrer Kindheit und Jugend mit manchen Dingen tat, welche Rolle ihre Familie dabei spielte und warum sie sich erst jetzt und in dieser Form offenbarte. Das Publikum hörte ihr während all dem gebannt zu, und mit jeder Minute, die verstrich, wurde Alicia immer selbstsicherer. Sie hatte wirkliche Entertainerqualitäten.

»Tja, wir haben vor einiger Zeit gemeinsam beschlossen, jetzt so zu leben und nicht anders – denn wenn nicht jetzt, wann dann?«, betonte sie am Ende ihrer Ausführungen und sah souverän lächelnd zu mir herüber. »Und nun gewöhnt euch mal lieber dran, denn es gibt leider kein Zurück mehr!«, rief sie fröhlich und signalisierte, dass ihre Rede nun zu Ende war.

Zunächst war es noch ein oder zwei Sekunden ruhig, aber dann brandete Applaus auf. Ich bemerkte Alicias Erleichterung – und war mindestens genauso happy, dass unter dem Strich alles so gut geklappt hatte. Nachdem sie ihre

Rede beendet hatte und endlich auch den lang ersehnten Red-Bull-Wodka in die Finger bekam, wurde sie umgehend belagert. Es war klar, dass jeder nun eine erweiterte Version dieser irren Geschichte hören oder ein Foto mit ihr machen wollte – und auch, dass viele Leute Fragen hatten, die sie ihr gegenüber loswerden mussten. Es dauerte Stunden, bis jeder wirklich kapierte, dass Alicia sich nicht etwa für diesen Abend verkleidet hatte, sondern tatsächlich ab jetzt und für immer als Frau lebte.

Dennoch: Die Stimmung war ausgelassen bis aufgeregt, im weiteren Verlauf der Party fing noch eine Freundin von uns Feuer, weil ihre Haare in einen brennenden Kerzenleuchter geraten waren, und Alicia musste sich sogar der Avancen einer sturzbetrunkenen Russin erwehren, die keiner von uns so recht kannte und die, wie sie Alicia erstaunlich unverblümt sagte, schon immer Sex mit einem Wesen haben wollte, das über zwei Titten und einen Schwanz verfügte. Aber außer dieser Taktlosigkeit gab es keine weiteren Zwischenfälle.

»Wie kommst du damit klar?«, war eine der häufigsten Nachfragen, die ich währenddessen beantworten musste, auch und natürlich meiner Familie gegenüber, die Alex zumindest zum Teil nie zuvor getroffen hatten und dementsprechend irritiert waren, welchen Vogel die liebe Nicki da aus dem Hut zauberte. Aber ich konnte glaubhaft versichern, dass ich mich lange genug mit dem Gedanken auseinandergesetzt hatte, mit Alicia zusammen zu sein. Sie hatte mir schließlich jegliches Verständnis signalisiert und die Gelegenheit gegeben, den Status quo beizubehalten und als gewöhnliches Paar durchs Leben zu gehen. Aber für mein persönliches Glück war es eben auch sehr wichtig, dass mein Freund glücklich werden konnte. Und das wäre er als Mann nicht in diesem Maße geworden. Insofern war ich, das wurde mir auf der wohl verrücktesten Feier meines ganzen Lebens noch einmal sehr bewusst, vollkommen mit mir im Reinen.

Als wir nach diesem denkwürdigen Abend – oder besser gesagt: dieser denkwürdigen Nacht – erschöpft und todmüde wieder in unseren vier Wänden waren, nahm mich Alicia in den Arm und atmete tief durch. Nun hatten wir auch diesen Brocken, den wir so lange vor uns hergeschoben hatten, aus dem Weg geräumt. Ich hoffte, dass sich nun alles langsam normalisieren würde, soweit sich das bei uns überhaupt sagen ließ. Das Einzige, was mich nun noch etwas umtrieb, waren die zu erwartenden Rückmeldungen, die mit einigen Tagen Abstand bei uns eintrudeln würden. Auch wenn wir auf der Party viele positive und Mut machende Gespräche geführt hatten, war zu befürchten, dass nicht alle Eingeladenen etwas mit Alicia anfangen konnten. Insgeheim rechnete ich damit, dass mindestens die Hälfte unserer Freunde stiften ging – und wahrscheinlich konnte man ihnen das nicht einmal verübeln. Spannend war nur, wer es letztlich sein würde, der uns weiter erhalten blieb. Bei manchen Leuten hätten wir es sehr schade gefunden, bei anderen wiederum war es uns vollkommen egal. Aber wir konnten natürlich nicht in deren Köpfe hineinschauen, und selbst uns leuchtete ein, dass Alicias Offenbarung nicht für jeden leicht verdaulich war. Jedenfalls hatten wir mit der Nummer in Düsseldorf für ein wochenlanges Stadtgespräch gesorgt und bei unserem Freundeskreis erst recht.

Zu unserem Erstaunen brachte die nächste Zeit jedoch fast ausschließlich positive Überraschungen. Freilich tuschelten manche, wenn wir nun über die Straße gingen, ein paar Jugendliche fingen an zu lachen, und so mancher Idiot zeigte auch mal mit dem Finger auf uns. Da aber sowohl Alicia als auch ich dankenswerterweise über ein dickes Fell verfügten und uns derartige Reaktionen weder überraschten und schon gar nicht aus der Bahn warfen, sahen wir über derartige Ausnahmen hinweg. Viel bemerkenswerter war, dass unsere langjährigen Wegbegleiter durchweg äußerst locker auf Alexanders Abschied und Alicias Ankunft reagierten.

Einige waren zwar enttäuscht, weil sie Alex gut leiden konnten und er ihnen als Kumpel irgendwie lieber war als eine Transfrau. Doch gerade solche, von denen wir dieses Maß an Toleranz nicht erwartet hatten, erstaunten uns immer wieder. Manch alter Jachtclub-Knochen zum Beispiel gab sich erstaunlich aufgeklärt und aufgeschlossen. Dass ein paar der betagten Damen in der Clubgastronomie lauthals verkündeten, nie wieder auf »ihre« Toilette zu gehen, wenn »Es« ebenso dorthin wollte, quittierte Alicia mit einem Grinsen – und der Antwort, dass sie selbstverständlich das Frauen-WC benutzen würde und für die gefüllten Blasen der anderen Ladies nicht zuständig war. Und auch der dumme Spruch im Hafen, dass es unter Hitler für derartige Subjekte noch ganz andere Lösungen gegeben habe, kam einem alten Boots-Nazi, der seinem persönlichen Sonnenuntergang von Golzheim aus entgegensegelte, mal über die Lippen. Als Alicia ihn dann freundlich bat, näher zu kommen, flüchtete er panikartig und schloss sich auf seinem Boot ein. Besser war das wohl – für ihn. Aber das waren alles kleine Stürme im Wasserglas, die sich locker aushalten ließen. Und wenn es Alicia irgendwann doch zu bunt wurde, was aber wirklich selten vorkam, dann legte sie ihre feminine Zurückhaltung kurz ab, baute ihre kompletten 190 Zentimeter bedrohlich auf – und es herrschte wieder Ruhe!

Natürlich wussten wir nicht, was die Leute über uns redeten, wenn wir aus dem Raum gegangen waren. Aber wie sie sich grundsätzlich uns gegenüber verhielten, machte schon mal jede Menge Mut für die Zukunft. Dazu trugen auch kleine Erfolgserlebnisse bei wie jenes im Düsseldorfer Kult-Lokal »Schweine Janes« inmitten der Altstadt, in das Alex stets während seiner nächtlichen Feiermarathons einkehrte und dort als Grundlage für die weitere Party-Nacht ein Schaschlik mit einer doppelten Portion Pommes, drei Mal Mayo und doppelt Ketchup bestellte. Diese Bestellung gab auch Alicia Jahre nach Alexanders letztem Besuch dort auf, doch der Chef des Ladens erkannte sie nicht.

»Lustig! Ich hatte mal einen Stammkunden, der das immer genau so gegessen hat«, sagte der Betreiber und wunderte sich über die wortgenaue Order. »Der hieß Alex.«

»Ich weiß. Das war ich!«, sagte Alicia und freute sich, dass sie selbst hier unerkannt geblieben war, wo Alex gewissermaßen zum Inventar gehörte.

Nur auf solche und ähnliche Kalorienbomben musste sie künftig leider verzichten – und lernen, dass wir Frauen beim Essen mehr Disziplin an den Tag zu legen hatten als ein Mann, wenn uns die Figur nicht ganz egal war. Und so änderte sich auch ihr Speiseplan, auf dem plötzlich nicht nur das abendliche Brot mit vier Scheiben Holländerkäse tabu war, sondern auch die von Alex innig geliebten Erdnussflips, das Kassler mit Kartoffelpüree oder ähnliche Sünden.

Nicht nur, aber auch wegen solcher Dinge war ich stolz auf Alicia, wie sie binnen kürzester Zeit ihr neues Leben meisterte. Sie hatte sich in all den Jahren gut darauf vorbereitet, daran bestand kein Zweifel! Einige liebgewonnene Hobbys hatte sie sich ja auch bewahrt: Modell-Bau zum Beispiel. Schon Alex bastelte gerne tagelang im Wohnzimmer an irgendwelchen detailgetreuen und selbst entworfenen Nachbildungen von Fahrzeugen oder Schiffen herum. Alicia machte das genauso. So baute sie schon kurz nach ihrer Verwandlung die »Rio Colorado« im Maßstab 1:5 in mühsamer Kleinarbeit zu Hause nach. Ich ärgerte mich gelegentlich über das viele Holz, die ganzen Werkzeuge oder die Leimtöpfe, die überall herumstanden. Die meiste Zeit aber stand ich staunend daneben und bewunderte, wie sie ohne einen Plan oder eine Anleitung alles so zurechtsägte, schnitt oder verklebte, dass am Ende tatsächlich unser Boot in klein dabei herauskam. So geduldig und akribisch zu sein, musste man erst mal schaffen. Und das mit solch langen Fingernägeln. Das war schon große Kunst! Ich war mir sicher, dass ich mich an ihrer Stelle niemals getraut hätte, diesen Schritt so konsequent zu gehen – auch wenn ihre tatsächlichen Schritte in seltenen Momenten aus reiner Gewohnheit noch denen von Alex glichen und ich sie darauf hinweisen musste, etwas weiblicher zu schreiten. Doch nun waren wir, das ließ sich zu diesem Zeitpunkt auf alle Fälle bereits sagen, sowohl praktisch als auch im übertragenen Sinn auf einem sehr guten Weg.

*I*ch erkläre euch hiermit zu –
Frau und Frau *(Alicia)*

Wie wir unser gemeinsames Leben neu begannen

Das Leben nach der Outing-Party war deutlich entspannter. Ich kannte das bis dato gar nicht: Wenn es jetzt an der Haustür klingelte, musste ich überhaupt nicht mehr darüber nachdenken, ob ich gerade geschminkt war, meine Perücke trug oder einen Fummel anhatte. Ich musste mich nicht mehr hektisch umziehen, weil erst der Postbote, dann der Paketdienst und danach noch irgendein anderer unangemeldeter Besucher draußen standen. Ich lief in der Wohnung herum, wie ich es eben wollte – und meine Freunde durften nach jahrzehntelanger, selbst auferlegter Abschottung endlich ganz spontan vorbeikommen. So viele Gäste wie in jenen Wochen hatten wir nie zuvor – und hinterher auch nicht mehr: Noch immer kamen praktisch im Tagesabstand alte Bekannte zu Besuch, die sich meine Story in allen Einzelheiten erzählen lassen wollten, weil ich auf der Feier nicht ausreichend Zeit für jeden aufbringen konnte.

Nach und nach schaffte ich zudem die alten Sachen weg, die ich früher als Alex getragen hatte. Ich staunte selbst, wie viele Kleidungsstücke ich im Laufe der Zeit angeschafft hatte – Männer-Zeug, das ich nun nie mehr brauchen würde: Sakkos, Krawatten, Hemden, Jeans, Schuhe und Gürtel, eben all das, was ich tagtäglich anzog, wanderte nun in die Altkleidersammlung oder gleich in den Müll. Die einzigen beiden Klamotten, die ich in einer Mischung aus Nostalgie und Pragmatismus dann doch behielt, waren zwei Versace-Oberteile. Erstens waren diese Hemden so geschnitten, dass sie auch Alicia zur Not als Blusen tragen konnte. Und zweitens war das Design, wie für diese Marke üblich, eher prunkvoll gehalten, sodass eine Frau damit nicht nur dank der goldenen Knöpfe wahrscheinlich sogar weniger auffiel als ein Kerl.

Zusätzlich musste ich meine gesamten geschäftlichen Angelegenheiten umstellen. Ich informierte meine Mieter, dass sie es künftig mit der Firma »Alicia King Hausverwaltung« zu tun hatten, meldete die Autos um, änderte die Grundbucheinträge und sagte dem Finanzamt Bescheid. Jeder einzelne Akt war wie eine kleine Befreiung, die Alexander weiter von mir entfernte. Und eines Tages fischte ich ein Schreiben aus dem Briefkasten, das mir endgültig signalisierte, dass ich nach langem und ausdauerndem Kampf wirklich erreicht hatte, was ich mir seit vielen Jahren wünschte – ich wurde als Frau sogar von höherer Stelle anerkannt: Das Gesundheitsamt der Stadt Düsseldorf ermahnte mich, bitte schön gemäß der Richtlinien des deutschen Screeningprogramms demnächst zur fälligen Mammographie zu erscheinen. Erst musste ich darüber lachen, dann freute ich mich über die Kenntnisnahme meines weiblichen Daseins sowie die Sorgen, die sich die Behörde um meine Gesundheit machte – und klärte schließlich die zuständige Mitarbeiterin per Telefon auf, dass ich einen Busen besaß, der glücklicherweise keinem Brustkrebsrisiko ausgesetzt war.

Die Einladung zur alljährlichen Unesco-Gala, die ich als Alexander stets bekommen, aber nur wohldosiert angenommen hatte, brachte mich dagegen auf eine andere Idee: Ich schrieb das Organisationskomitee an und teilte mit, dass Herr Klein leider terminlich verhindert sei, seine Schwester Alicia aber sehr gern an seiner Stelle kommen würde. Das nichtsahnende Büro kam meiner Bitte nach, und ich bereitete meinen großen Auftritt inmitten der honorigen Düsseldorfer Society vor, der zugleich auch der erste offizielle Auftritt von Alicia sein würde. Diesmal sollte es ein rotes Abendkleid sein, in dem ich mich auf das elitäre Parkett wagen wollte. Aufgehübscht wie eine Hollywood-Schauspielerin bei der Oscar-Verleihung fuhr ich zusammen mit der ebenso schicken Nicki in einer angemieteten Stretch-Limo vor und stolzierte, begleitet von vielen neugierigen Blicken und den Blitzlichtern der Fotografen, über den roten Teppich.

Wir bekamen einen schönen Tisch zugewiesen, an dem viele Lokalprominente vorbeilaufen mussten, um zu ihren Plätzen zu gelangen. Unter all den VIPs, die sich auf dem Event tummelten, war auch Filmproduzent Michael Ohoven, der viele Jahre mit mir beziehungsweise Alex befreundet war, aber neulich leider nicht zu meiner Feier kommen konnte.

»Hallo Michi, schön dich zu sehen, wie geht's dir denn?«, sagte ich betont weiblich und blickte ihn erwartungsvoll an.

»Kennen wir uns?«, fragte er höflich und musterte mich von oben bis unten. Ich bemerkte, dass es in seinem Gehirn ordentlich ratterte, aber er kam beim besten Willen nicht drauf, wer ihn da gerade von der Seite angequatscht hatte.

»Na, ich bin's, Alex. Erinnerst du dich nicht? Oder besser gesagt: Jetzt bin ich Alicia.«

Erst da begriff er, wer vor ihm stand, und er musste sich setzen.

»Das gibt's ja nicht«, sagte er nur und schüttelte den Kopf. »Ist ja irre!«

Anschließend klärte ich die Situation auf, und wir stießen gemeinsam auf mein neues Dasein an. Ich liebte solche Begegnungen, und es machte mir zugegebenermaßen ein großes Vergnügen, den ein oder anderen alten Bekannten, der noch nichts von Alicia wusste, ein kleines bisschen zu schocken. Eine weitere Gelegenheit dazu bekam ich wenig später im Raucherraum, der extra für diesen Ball-Abend eingerichtet worden war. Als ich den etwas verqualmten Saal betrat, erkannte ich inmitten des Nebels, dass an einem der Tische eine Handvoll Leute stand, die allesamt noch aus meinen früheren Disco-Zeiten stammten. Ich stellte mich dazu, drehte meine Stimme auf die höchste Oktave, die ich zur Verfügung hatte – und fragte höflich, ob ich mich auf eine Zigarettenlänge dazustellen dürfte. Daraufhin fühlten sich die anderen bemüßigt, mir ausführlich zu erklären, wer sie waren und was sie machten. Ich grinste, denn das wusste ich selbstverständlich alles schon!

»Leute, was erzählt ihr mir denn da? Wir haben's doch schon zusammen im ›Sam's‹ krachen lassen«, sagte ich beiläufig, nachdem sie mit ihrer Präsentationsrunde durch waren.

»Nee, nee, das kann nicht sein«, sagte einer.

»Da verwechselst du aber was«, sagte ein anderer.

»Sorry, aber ich habe dich noch nie gesehen«, sagte der Dritte – und ich sah ihnen allen an, dass sie allesamt davon zu hundert Prozent überzeugt waren, dass ich es war, die sich täuschte.

»Doch, wir kennen uns. Gut sogar«, beharrte ich – und erzählte eine der vielen Anekdoten von einst, die nur wissen konnte, wer damals dabei war. Es ging darin um zwei Männer (von denen einer ich war), eine Frau (die zu mir gehörte) und ein ernstes Gespräch (das ich deswegen führen musste). Dann fiel der Groschen.

»Das gibt's ja nicht! Alex?«

»Nicht ganz. Alicia, bitte«, lächelte ich und löste auch diese Unklarheiten auf. Dann zündete ich mir in aller Ruhe eine meiner letzten Zigarren an. Von nun an wollte ich darauf verzichten. Ich fand, dass die Dinger nicht wirklich zu einer Dame passten.

Als Nicki und ich einige Stunden später nach einem schönen und erstaunlich unbeschwerten Abend den Heimweg antraten, nahm ich sie in den Arm.

»Ich hätte nicht gedacht, dass das Leben als Alicia so viel Spaß macht«, sagte ich zu ihr. Aber genau das tat es!

Mit jedem Tag mehr, den ich als Alicia zubrachte, wurde ich ein Stück glücklicher. Mein Leben war nun zumindest nahe dran, perfekt zu sein. Gut, ich hätte mir vielleicht gewünscht, etwas femininer auszusehen, als das mit meinem breiten Kreuz und meinem markanten Schädel möglich war. Mit viel Disziplin, eiserner Diät und unzähligen nervtötenden Übungssätzen mit der Leerhantel hatte ich zwar meine Arme und Beine sowie die Taille ganz gut hinbekommen. Aber um zu einer Lily Ghalichi zu werden oder wenigstens einer Conchita Wurst ohne Bart, hätte ich sicherlich viele Jahre früher, wahrscheinlich bereits vor der Pubertät, mit meiner Verwandlung beginnen – und auf die ein oder andere Fitnesseinheit, die Kampfkunst oder wenigstens das Eishockeyspielen verzichten müssen. Für das überaus maskuline Leben, das hinter mir lag, war ich mit dem Ergebnis aber sehr zufrieden.

Zwischenzeitlich hatte ich sogar professionelle Mode-Aufnahmen gemacht. Ich beauftragte einen befreundeten Fotografen, mich so in Szene zu setzen, wie er es normalerweise bei seinen Auftragsmodels tat. Und so posierte ich einen ganzen Tag lang für die Kamera – zum ersten Mal überhaupt, denn bislang mochte ich Fotos von mir nicht so gern. Als ich die Ergebnisse in den Händen hielt, war ich stolz auf mich und meinen Körper: Ganz unbescheiden konnte ich sagen, dass die Frau, die da auf den Bildern zu sehen war, wahrscheinlich sogar Alex gefallen hätte – so sinnlich, wie sie im schwarzen Minirock oder der selbst entworfenen, lasziv aufgeknöpften Jeansjacke posierte.

Innerlich hatte sich bei mir dagegen nicht viel verändert. Ich erklärte Außenstehenden meine Veränderung immer gerne anhand eines bildhaften Beispiels: Alle, die sich fragten, wie es möglich war, dass wir zusammenblieben, sollten sich einfach einen VW Käfer vorstellen – wenn ich mich selber auch niemals mit einem solchen Kleinwagen verglichen hätte, denn acht Zylinder waren auch für Alicia die Mindestvoraussetzung. Jedenfalls war bei diesem Käfer das Blech gegen eine pinkfarbene Buggy-Karosserie getauscht worden. Das Ergebnis sah nun ganz anders aus, aber die Technik, das Fahrwerk und der Motor waren immer noch wie zuvor. Fast so, wie bei meinem kleinen Stadtflitzer, einem getunten Smart, der früher mattschwarz gewesen war und den ich nun, passend zu meinen Nägeln, rosa folieren ließ. Genau deswegen gab es auch keinerlei Probleme im Zusammenleben mit Nicki: Ich war derselbe Mensch geblieben, in den sie sich seinerzeit verliebt hatte. Nur dass ich inzwischen eben anders aussah als früher. Wenn ich genauer darüber nachdachte, war es vielleicht an der Zeit, dass wir auch unsere Beziehung sozusagen auf eine förmliche Basis stellten, nach all dem, was wir in den vergangenen Jahren miteinander durchgemacht hatten – und nachdem ich ebenso formal das Geschlecht gewechselt hatte.

Ich begann, mir tiefer gehende Gedanken über alles zu machen. Grundsätzlich waren wir beide der Meinung, dass unsere Liebe keinen Trauschein benötigte – sie war auch so ganz sicher stark genug, um auch in Zukunft bestehen zu bleiben! Aber schaden konnte eine Hochzeit natürlich auch nicht. Darüber hinaus hatten wir zwischenzeitlich den Plan gefasst, unseren Lebensmittelpunkt in Richtung Süden zu verlagern. Nicht weil wir den Eindruck hatten, dass uns die Menschen zu Hause irgendwie feindselig oder gar ablehnend gegenüberstanden, von ganz wenigen Ausnahmen abgesehen. Aber seit meiner Jugendzeit in Torre del Mare empfand ich die mediterrane Lebensart eben immer als ein wenig unaufgeregter und entspannter als die deutsche Herangehensweise an manche Dinge. Ich war zwar auch zuverlässig, pünktlich oder überaus akribisch in meinen Handlungen und insofern typisch deutsch, aber eben auch ein bunter Paradiesvogel. Und der würde irgendwo am Meer sicherlich höher fliegen. Sollten wir aber wirklich bald ins Ausland ziehen, wünschte ich mir insgeheim schon, dass wir diesen Schritt als Ehepaar machten.

Das fühlte sich irgendwie geborgener an, wenn man schon seine gewohnten Zelte abbrach und woanders ein neues Leben begann.

Dabei war es noch gar nicht lange her, dass ich zusammen mit Nicki meinen allerersten Urlaub als Frau verbrachte. Diese Reise, die uns seinerzeit an den Gardasee bringen sollte, erforderte anfangs noch etwas mehr Mut, als nur mal eben über die Königsallee zu spazieren oder in unseren Düsseldorfer Stammlokalen essen zu gehen. Obwohl ich dort wie gesagt nur sehr selten Vorurteile mir gegenüber verspürte, kannte ich mich in meiner Heimatstadt nahezu überall aus, wusste die Menschen und deren Mentalität einzuschätzen und war dank der lokalen Berichterstattung der vergangenen Wochen und Monate auch einigermaßen bekannt. Ich wusste folglich, dass ich auf die meisten Mitbürger nicht mehr unbedingt wirkte wie ein Außerirdischer, der aus einem mit Strasssteinen besetzten, pinkfarbenen Ufo herausgefallen war. Nun aber hatte ich zugegebenermaßen ein bisschen Schiss, dass der Auftritt eines Paares, bei dem der eine Partner eine Diva mit dem Wiedererkennungswert eines pinkfarbenen und mit Strasssteinen beklebten Empire State Buildings war und der andere eine bildhübsche junge Frau, andernorts nicht ganz so problemlos über die Bühne gehen könnte.

Ergeben hatte sich der Trip in die schöne Lombardei auf der »Boot«, einer weltbekannten Fachschau, die jedes Jahr im Januar in der Messe Düsseldorf stattfand und auf der ich seit jeher Stammbesucher war – aufgrund meiner angeborenen Leidenschaft für alles, was schwimmt natürlich. Dieses Faible hatte sich dankenswerterweise auch bei Alicia erhalten, und so lernte ich bei meinem neugierigen Rundgang durch die Hallen einen bärtigen, von Wasser und Sonne gezeichneten sowie ausgesprochen netten Italiener namens Mauro Feltrinelli kennen, der sich als passionierter Bootsbauer entpuppte und der am Westufer des Gardasees zwischen Bogliaco und Gargnano eine Werft sowie einen eigenen kleinen Jachthafen besaß. Wir kamen schnell ins Gespräch, fachsimpelten über die guten, alten Zeiten des Schiffsbaus sowie die Vorzüge von klassischen Holzbooten, wie auch meine geliebte Rio eines war, und wie sie einst von prominenten Persönlichkeiten wie dem Aga Khan oder Marcello Mastroianni kreuz und quer durchs Mittelmeer gesteuert wurden, mit einem halben Dutzend schöner Frauen und ausreichend Champagner an Bord. Als ich mich nach unserem lustigen und spannenden Gespräch verabschieden wollte, erzählte mir Feltrinelli, dass er auch Ferienappartements vermietete.

»Komm uns doch im Frühjahr besuchen«, sagte er. »Dann zeigst du mir dein Boot, und ich zeige ich dir alles, was wir haben. Du bist herzlich willkommen bei uns.« Dieser Mann wirkte so freundlich, wie nur Menschen wirken können, deren Gastfreundschaft von Herzen kommt – ganz egal, ob ihnen gerade ein superreicher, potenzieller Auftraggeber für den Bau einer ganzen Schiffsflotte gegenüberstand oder nur eine Transsexuelle mit einer geradezu kindlichen Vorliebe für klassische Mahagoniboote.

»Ich weiß nicht recht«, wich ich aus. »Ich hatte zuletzt echt viel um die Ohren und muss erst mal wieder alles ordnen.«

Ich bemerkte, dass mein Zögern kein Argument für Mauro war, mit dem ich mich vor seiner Einladung hätte drücken können. Also tauschten wir unsere Kontaktdaten aus und vereinbarten, dass Nicki und ich einige Monate darauf nach Gargnano kommen würden. Und so fuhr Alicia King wenig später das erste Mal in die Ferien – und nahm nicht nur ihre Freundin mit, sondern selbstverständlich auch die gute, alte Rio, die uns per Spedition vorausreiste.

Als wir angekommen waren, musste ich sofort wieder an Torre del Mare denken. Das Wetter war herrlich, die Luft klar und die Natur atemberaubend. Nur ein Versteckspiel wie damals nach dem Kauf meines ersten Minirocks wollte und musste ich nun nicht mehr spielen. Ich marschierte so selbstbewusst wie nötig und so unauffällig wie möglich durch das kleine Örtchen, das nicht ganz 3000 Einwohner besaß und eine Kirche, die Franz von Assisi 750 Jahre zuvor erbauen ließ. Als Dame von Welt konnte ich allerdings auch im Urlaub auf die Befindlichkeiten der stockkatholischen und erzkonservativen Ureinwohner leider keine Rücksicht nehmen – ich brauchte nämlich unbedingt eine Kosmetikerin, die imstande war, meine Wimpern zu verlängern, denn die hatten leider die lange Fahrt aus dem Rheinland hierher nicht unbeschadet überstanden.

Nach einigem Suchen wurde ich fündig, und ich stieß bei der fröhlichen Saloninhaberin zu meiner Verwunderung auf keinerlei Skepsis – im Gegenteil. Durch mein immer noch perfektes Italienisch kamen wir schnell ins Gespräch, und die adrette Signora war weder überrascht noch irritiert, was jemand wie ich wohl in ihrem kleinen Laden wollte. So nett sie war, hielten leider aber, im Gegensatz zu denen aus Düsseldorf, ihre Wimpern den Belastungen meines offenbar sehr kräftigen Augenaufschlags nicht stand, aber das war mir zumindest für den Moment egal – ich fühlte mich immerhin als Frau hier schon mal ernst genommen. Bei der Wahl des Friseurs meines Vertrauens musste ich allerdings viel vorsichtiger sein, denn an die teuren Extensions konnte ich nicht jeden Wald- und Wiesen-Barbiere der Gegend lassen. Fündig wurde ich erst auf der gegenüberliegenden Uferseite, was mir die ein oder andere morgendliche Boots-Überfahrt während des Aufenthaltes bescherte – und jede Menge ungewollter Flirt-Attacken der anderen anwesenden Kundinnen!

Auch das mussten ich und natürlich auch Nicki erst mal verinnerlichen und verdauen: dass ich als Mädel nicht nur für manchen Herrn offenbar ein Objekt der Begierde darstellte, sondern durchaus auch für die ein oder andere experimentierfreudige Dame. Und obwohl ich mich in meinem Körper längst zu Hause fühlte, staunte ich immer noch, was man selbst als Geschlechtsgenossin alles beachten musste, wollte man nicht aussehen wie die ältere Schwester von Cindy aus Marzahn. Alex war stets nach fünf Minuten im Bad fix und fertig mit der Körperpflege gewesen und sah meiner Meinung nach dennoch aus wie aus dem Ei gepellt. Jetzt dauerte die ganze Prozedur zum Leidwesen von Nicki immer etwas länger.

Ansonsten entpuppte sich die Idee von Mauro als hervorragend: Wir verbrachten in einer seiner Ferienwohnungen oberhalb des Sees, den wir mittels eines extra zu diesem Zweck bereitgestellten Golfwagens erreichten, einen total harmonischen Liebesurlaub zusammen, in dem nach und nach alle seelische Last der vergangenen Monate von uns beiden abfiel. Als zuträglich für unsere Zweisamkeit erwies sich auch, dass man in dem Dorf selbst beim besten Willen keine Party machen konnte. Es gab lediglich eine Diskothek, die diesen Namen aber nicht verdiente und in die wir uns nur ein einziges Mal verirrten. Aber die wilden Disco-Zeiten waren ohnehin vorbei! Als Mann mittleren Alters konnte man vielleicht noch das ein oder andere Mal steil gehen. Als alterslose Dame gehörte sich das irgendwie nicht.

In diesen heiteren Tagen am Gardasee bekam ich eine Ahnung davon, was das unbeschwerte Leben abseits unserer eigentlichen Heimat an Mehrwert bieten könnte! Von einigen unschönen Ausnahmen abgesehen. Denn immer mal wieder zog meine auffällige Erscheinung zu meinem und Nickis Leidwesen vor allem im Urlaub Spanner an, die meinten, mich ungeniert begaffen zu dürfen, wenn ich mich beispielsweise auf dem Deck unseres Bootes sonnte. Zum Glück kam mir bei meiner Idee zur Abwehr solch aufdringlicher Zeitgenossen meine Modellbauleidenschaft zugute: Aus einer Lockgans für Jäger, einer Pumpe, einem Motor und natürlich einer Fernsteuerung baute ich einen schwimmenden Schutzvogel, der eine Wasserfontäne in Richtung potenzieller Störenfriede abfeuern konnte. Das würde zumindest beim ein oder anderen ungebetenen Zaungast Wirkung zeigen, und witzig war es auch. Als das Ding fertig war, probierten wir es am Düsseldorfer Zooweiher aus.

Wie nicht anders zu erwarten, funktionierte meine Kampfgans ohne Probleme: Sie spritzte, von misstrauischen Enten beäugt, auf Knopfdruck aus ihrem Schnabel einen ordentlichen Strahl in die gewünschte Richtung.

In diesem Moment sah ich, dass am gegenüberliegenden Ufer ein paar Leute saßen. Es war ein drückend heißer Sommertag, und ich war mir sicher, dass ein bisschen Abkühlung niemanden aufregte.

»Lass das lieber sein«, warnte mich Nicki. »Wer weiß, wie die drauf sind.«

»Ach was«, antwortete ich. »Das ist doch nur Spaß.«

Ich steuerte die Gans zu einem Pärchen in Seenähe, löste die Fontäne aus – und war erst mal baff! Denn mein Schwimmtier Marke Eigenbau löste keinerlei Heiterkeit aus. Stattdessen rannten der Mann und die Frau, die mein Eigenbauvieh ein klein bisschen nass gespritzt hatte, brüllend zu uns herüber.

»Stehenbleiben! Polizei!«, keuchten sie, als sie uns beinahe erreicht hatten.

Ich stand da wie angewurzelt und glaubte an einen Witz.

»Ich wusste, dass das Ärger gibt«, zischte Nicki.

»Mach mal halblang, die machen sicherlich nur einen Scherz mit uns«, sagte ich – und irrte.

Tatsächlich waren die beiden Herrschaften ziemlich humorbefreite Zivilpolizisten, wie sich bei der folgenden Ausweiskontrolle herausstellte. Ich erhielt eine Standpauke und kam nach Nickis gutem Zureden gerade noch um eine Anzeige herum. Aber ich wusste nun wenigstens, dass meine Gans funktionierte. Sie würde uns ab sofort auf alle Ausflüge begleiten, auf denen ich mich in Badekleidung zu zeigen gedachte. Ich dachte immer intensiver darüber nach, nicht zuletzt wegen der rund 180 Regentage pro Jahr die Zelte in Düsseldorf abzubrechen und mir und Nicki einen gemeinsamen Platz an der Sonne zu suchen. So schön es jedoch in Gargnano war – an der Cote d'Azur gefiel es mir wesentlich besser! Also machten wir uns wenig später wieder auf dorthin, wo wir damals unseren ersten gemeinsamen Urlaub verbrachten; mit dem kleinen, aber feinen Unterschied, dass nun nicht mehr Alex und Nicki Ferien machten, sondern Alicia und Nicki. Und im Gegensatz zu dem beschaulichen italienischen Dorf, in dem uns – zunächst zumindest – kein Schwein kannte, hatten wir in Cannes während unseres sechswöchigen Aufenthalts zwei Jahre zuvor zahlreiche Menschen kennengelernt, bei denen ich ebenfalls nicht recht einzuschätzen wusste, wie sie auf meine Veränderung reagierten. Lina zum Beispiel trug ja schon früher ihre Fröhlichkeit eher nach innen und brauchte Wochen, um uns gegenüber zumindest etwas aufzutauen. Ich wäre äußerst traurig darüber gewesen, wenn unser Kontakt zu ihr, Nuccio und den anderen Bekannten, die wir dort gefunden hatten, von jetzt auf gleich abgerissen wäre – weil sie sich mit der neuen Situation, sprich: mit Alicia, vielleicht überfordert fühlten.

Meine erste Begegnung mit unseren Freunden belehrte mich jedoch eines Besseren: Sie wunderten sich nicht etwa über Alicia. Sie taten so, als wäre sie schon immer dagewesen! Als wir nach der Ankunft bei Nuccio vorbeikamen, fiel er erst Nicki und dann mir in die Arme, begrüßte uns über alle Maßen herzlich und fragte lediglich, wo wir denn so lange geblieben waren. Ich staunte über seine Reaktion, denn erstens war ich zuvor tatsächlich einigermaßen nervös, wie wohl ein alter Sizilianer mit einer solchen – im wahrsten Sinne des Wortes einschneidenden – Metamorphose umgehen würde. Und zweitens zeugte sein Verhalten von einer Selbstverständlichkeit, wie ich sie seit meiner Outing-Party noch nicht erlebt hatte. Er nahm mich so beiläufig wieder in seinen kleinen Kosmos auf, dass ich es beinahe schon verdächtig fand. Ich brauchte einen Moment, um zu begreifen, dass sein Umgang mit mir genau das war, was ich immer wollte: vollkommen normal nämlich. Und selbst Lina lachte und scherzte mit mir, wie sie es mit Alex nie getan hatte. Ich konnte gar nicht beschreiben, wie gut mir das tat.

Wahrscheinlich lag es auch ein Stückweit an diesem

Gefühl, dass sich mein Entschluss, mit Nicki auszuwandern, nun manifestierte. Es konnte im Grunde genommen kein anderes Ziel geben als Cannes. Hier und nirgendwo anders wollten wir künftig leben. Nur einen Nachteil hatte diese Stadt. Oder besser gesagt: hatte ganz Frankreich gegenüber Deutschland: Trotz der liberalen Einstellung vieler Franzosen zu solchen Dingen war die gleichgeschlechtliche Ehe dort noch nicht erlaubt. Wenn wir also wirklich heiraten wollten, mussten wir es zu Hause tun.

Mit diesen Plänen im Hinterkopf saßen wir am darauffolgenden Valentinstag in unserem Düsseldorfer Lieblingsrestaurant und stießen auf uns, unser neues Leben und die bald bevorstehende Auswanderung an.

»Sag mal, wir überlegen doch schon länger, ob wir unsere Beziehung gewissermaßen offiziell machen wollen«, sagte Nicki plötzlich zu mir. Ich nickte.

»Und du hast gesagt, wenn schon, dann möchtest du ganz klassisch gefragt werden, weil du ja jetzt ein Mädchen bist und es sich in diesem Fall so gehört«, lachte sie. Ich nickte wieder.

»Dann frage ich dich hiermit: Möchtest du meine Frau werden?«

Meine Augen wurden feucht.

»Ja, ich will«, antwortete ich gerührt. »Natürlich will ich das!«

Neun Monate später war es so weit – und mir ging ordentlich die Düse! Die gesamte Zwischenzeit seit Nickis Antrag war ich einigermaßen entspannt, was unsere Trauung und die Begleitumstände betraf. Doch je näher der ominöse Termin rückte, desto nervöser wurde ich. Ich musste mir eingestehen, dass ich mir doch deutlich mehr Gedanken über das bevorstehende Ereignis machte, als ich ursprünglich vorhatte. Ich grübelte nicht nur darüber, was ich wohl am besten anziehen sollte oder welche Unwägbarkeiten womöglich auftreten konnten. Ich dachte auch intensiv darüber nach, wie sich dieser ganz besondere Moment auf uns beide auswirken würde – immerhin sollte das Ereignis ja schon bei normalen Paaren der schönste Tag im Leben sein. Wie fühlte sich das dann erst bei uns an, nach allem, was wir in den vergangenen Jahren zusammen erlebt hatten? Auch deshalb verzichteten wir bewusst auf eine große Einladung oder viel Tamtam. Wir würden froh sein, wenn der ganze Zinnober vorüber war – und wir uns wieder entspannen konnten, dafür dann aber richtig!

Am Morgen unseres Hochzeitstages, dem 11. Januar, einem herrlich sonnigen, aber lausig kalten Freitag, brach Nicki schon in aller Herrgottsfrühe auf, um sich für den Mittag anständig aufbrezeln zu lassen. Kurzentschlossen hatte sie schon am Vortag ein so schickes violettes Kostüm ausgewählt. Meine Findungsphase für das richtige Outfit dauerte indes leider etwas länger – was zugegebenermaßen auch daran lag, dass mein Kleiderschrank mittlerweile ein wenig üppiger ausfiel als ihrer. Schlussendlich entschied ich mich für ein kurzes, schwarzes Kleid zusammen mit passenden Overknee-Stiefeln. Damit alleine war es allerdings nicht getan. Aufgrund meiner Anspannung musste ich mein Make-up gleich mehrfach auf- und wieder abtragen, was mich schier wahnsinnig machte. Danach versagte mein Wimpernkleber den Dienst. Als ich bei meinem Friseur ankam, stand ich erst mal vor verschlossenen Türen. Die Damen waren leider ein paar Minuten zu spät dran, weshalb ich vor dem Laden in der Eiseskälte warten musste und mir meine laufende Nase sowie die tränenden Augen nochmals die schöne Schminke ruinierten. Immerhin ging dann alles glatt. Nachdem wir uns beide dem Anlass entsprechend gepimpt zu Hause wieder trafen und ich mindestens drei Mal den vollständigen Inhalt meiner Handtasche korrigierte, um sicherzugehen, dass ich einen Ersatzlippenstift, ausreichend Zigaretten und vor allen Dingen meinen neuen Reisepass dabeihatte, konnte es doch noch pünktlich losgehen.

Das Drumherum stellte auf jeden Fall einen würdigen Rahmen für unsere kleine Zeremonie dar, denn im Vergleich zu anderen kommunalen Amtsgebäuden hatten sich die Düsseldorfer Ratsherren ein außerordentlich repräsentatives Anwesen direkt am Hofgarten für die Eheschließungen in ihrer Stadt ausgesucht. Als wir in unserem barbiefarbenen Jeep vor dem mächtigen Gotik-Bau ankamen, wurden wir dort von vielen Freunden und Bekannten überrascht. Ich freute mich sehr über den unerwarteten Auflauf – und sogar über das Fernsehteam von RTL2, das sich die Show offenbar ebenso wenig entgehen lassen wollte wie ein Reporter des »Express«, der wahrscheinlich auch nicht jeden Tag über die Eheschließung zweier fescher Bräute berichten konnte.

Ob es nun die Medien waren, die unseren ausgesprochen liebenswerten Standesbeamten Herrn Hornung nahe an den Rand der Ohnmacht brachten, oder doch eher die Tatsache, dass gerade zwei Frauen vor ihm standen, von denen die eine ihn um gut einen Viertelmeter überragte, konnte ich nicht beurteilen. Jedenfalls sah ich dem Mann an, dass er kurz davor war, entweder zu kollabieren oder einfach nur davonzulaufen – obwohl er bereits mehrere gleichgeschlechtliche Paare getraut und uns in netter

Weise klargemacht hatte, dass er persönlich keinerlei Probleme aufgrund einer solchen Konstellation verspürte. Trotz seiner erkennbaren Aufregung hielt er jedoch tapfer durch, wenn auch er mit der unfallfreien Aussprache meiner drei Vornamen so seine Schwierigkeiten hatte.

»Ist es Ihr freier Wille, mit der hier anwesenden Ali…, Alizi… Alicia Victoria Fabienne King eine Partnerschaft auf Lebenszeit zu begründen, so antworten Sie bitte mit Ja«, sagte Herr Hornung schließlich, und Nicki schmetterte ein kräftiges »Ja« als Antwort heraus.

Nun war ich am Zug.

»Frau Ali… Alizi… Alicia Victoria Fabienne King! Ist es Ihr freier Wille, mit der hier anwesenden Nicole eine Partnerschaft auf Lebenszeit zu begründen, so antworten Sie bitte ebenfalls mit Ja.«

Ich bemühte mich, ebenso überzeugend zu klingen wie Nicki, die nun noch genau fünf Sekunden lang meine Verlobte war.

»Ja!«

»Dann erkläre ich Sie hiermit kraft meines Amtes zu gesetzlich eingetragenen Lebenspartnern«, sagte Herr Hornung, wobei ich eine andere Losung als etwas weniger technokratisch empfunden hätte, aber das durfte er nicht.

Nach dem Ringtausch war nochmals ich am Zug. Ich hatte mir vorab extra einen schönen Satz überlegt, mit dem ich unsere besondere Situation beschreiben wollte.

»Im früheren Leben war ich dein weißer Ritter. Mit Schild und Schwert habe ich dich beschützt«, erklärte ich feierlich. Ich sah Nicki an, dass sie gespannt war, was jetzt noch kommen würde.

»Jetzt beschütze ich dich mit hohen Hacken – und mit

meiner Handtasche. Ich werde dich versorgen, schützen, lieben und ehren, bis dass der Tod mich scheidet.«

Nicki lachte.

Hatte ich gerade gesagt, bis dass der Tod »mich« scheidet? Oh Mann. Es war nun wirklich an der Zeit, dass wir mit den Feierlichkeiten begannen, damit sich meine Nervosität endlich löste! Nachdem wir also kraft Gesetzes zwar nicht wörtlich, aber dafür faktisch zu Frau und Frau erklärt wurden, fuhren wir zum Ausklang noch in ein schmuckes Lokal im Medienhafen, das »Amanti« hieß, was auf Deutsch »Die Liebenden« bedeutet. Deswegen hatten wir es zwar nicht ausgesucht, sondern weil wir den Besitzer seit einiger Zeit ganz gut kannten. Aber der Name passte natürlich wie Arsch auf Eimer zu den Eheleuten King! Der Wirt hatte sein kleines Restaurant extra für uns geöffnet, was der Atmosphäre eine großartige Intimität verpasste. Nicki hatte sich zudem liebevoll um die Dekoration des Raumes gekümmert. Überall brannten Kerzen in silbernen Leuchtern, an vielen Stellen waren bauchige Vasen mit Unmengen an roten Rosen aufgestellt, und an der Wand hinter unseren Plätzen hingen zwei Herzen mit Fotos von uns in der Mitte. Zusätzlich ließ meine Frau das Motto der Feier auf unsere Tischkarten drucken, unter eine Zeichnung, die unsere Gesichter zeigte, wie sie sich gerade küssten: »Gesucht, gefunden – in Liebe verbunden« stand da. Passender konnte man das nicht formulieren. Als ich so in unserer fröhlichen und beschaulichen Runde da saß, beseelt von dem festlichen Akt und, nun ja, auch dem ein oder anderen Red-Bull-Wodka und erst auf den Ring an meinem Finger blickte und dann auf Nicki an meiner Seite, durchströmte mich ein Glücksgefühl, wie ich es bislang nicht kannte. Es bestand nun endgültig kein Zweifel mehr: Alicia King war angekommen!

Und das sollte bald auch für unsere neue Heimat gelten. Dabei sah es lange so aus, als wäre unser Projekt »Kings in Cannes« zum Scheitern verurteilt: Sosehr ich Frankreich auch schätzte, so genau wusste ich, wie lausig manche Baufirmen hier ihre Immobilien hochzogen und wie schnell sich die vermeintliche Traumvilla als baufällige Bruchbude entpuppte! Irgendein Trottel fand sich eben immer, der hier an diesem wunderbaren Fleckchen viel Geld für wenig Qualität ausgeben würde. Mir kam zwar entgegen, dass ich gewissermaßen vom Fach war – nicht nur, weil ich selber ein paar Häuser besaß, sondern weil ich aufgrund meiner handwerklichen Fähigkeiten auch sehr gut einzuschätzen wusste, ob die Bausubstanz passabel, mittelmäßig oder gleich ganz mies war. Und wenn der ein oder andere oberschlaue Makler hier glaubte, diese aus seiner Sicht riesengroße, seltsame deutsche Frau mit ihren blonden Haaren und den langen Wimpern geschmeidig über den Tisch ziehen zu können, war derjenige auf alle Fälle schiefgewickelt! Immerhin hatte ich mich von vornherein darauf eingestellt, meine neue Damenhaftigkeit zur Not das ein oder andere Mal sausen und den guten, alten Alex während etwaiger Verhandlungen zumindest kurz zu Wort kommen zu lassen.

Das Problem war nur: So weit kam es meistens überhaupt nicht! Nicki und ich hatten uns im letzten Urlaub schon Gedanken gemacht – und unsere erste Idee, eine Wohnung zu kaufen, schnell verworfen: Seltsamerweise bekam man hier komplette Häuser mit Garten zum gleichen Preis oder gar günstiger. Zurück in Düsseldorf, guckten wir uns in den Wochen vor unserer Hochzeit diverse Objekte im Internet an und fanden eines, das genau das Richtige für uns zu sein schien. Wir vereinbarten mit dem Makler, der in der Anzeige ausgewiesen war, einen Besichtigungstermin und zur Sicherheit noch mit zwei anderen Maklern Besichtigungen für weitere Häuser. Der Flug von Düsseldorf nach Nizza ging wie gewohnt problemlos vonstatten, und schon eine Stunde nach meiner Ankunft in Frankreich kam der Makler zum verabredeten Treffpunkt in unserem Lieblingscafé in Cannes, dem »Croisette 72«.

»Excusez-moi, Madame King. Wir können da heute leider nicht hinfahren, ich habe die Besitzer nicht erreicht. Und ohne die kommen wir nicht durch das Tor die Straße hinauf«, sagte der Makler, obwohl er wusste, dass ich hauptsächlich wegen dieser Villa extra aus Deutschland angereist war.

»Peu imorte – ich kann Ihnen zwei andere Objekte zeigen«, meinte er stattdessen, doch ich war enttäuscht und sauer. So leicht ließ ich mich nicht abspeisen.

»Andere Objekte von Ihnen? Kein Interesse«, ärgerte ich mich. »Anschauen wird man das Ding doch wohl können! Wenn wir nicht mit dem Auto dorthin kommen, dann laufen wir eben!«

Dank meiner Vorrecherche wusste ich, dass es einen Fußweg gab, auf dem man bis zur Grundstücksgrenze gelangen konnte – es sei denn, Google Earth hatte mir auf dem PC eine Fata Morgana in Form eines schmalen Durchgangs angezeigt. Also nötigte ich den Agenten zu einem Spaziergang, und wir liefen bis vor das Haus. Ich blickte über den Zaun und sah ein gepflegtes und relativ neu wirkendes Domizil in einem eher verwilderten, aber riesigen Garten mit großem Pool. Wenn man sich das ganze Gestrüpp weg-

und ein paar schöne Pflanzen, eine Grillecke sowie einen ordentlichen Jacuzzi neben die Terrasse hindachte, entspräche das Ding hier ziemlich genau unserer Vorstellung. Ich bat den Makler, ein offizielles Kaufgesuch bei den Eigentümern einzureichen, und war zufrieden.

Mein positives Gefühl hatte jedoch nicht lange Bestand: Am Tag danach ließ der Makler verlauten, dass die bisherigen Besitzer nun doch nicht mehr verkaufen wollten. Die Suche nach unserem künftigen Zuhause ging also weiter. Aber entweder war die Lage einfach Mist, weil direkt an einer Hauptverkehrsstraße oder gleich am Arsch der südfranzösischen Welt. Oft gefiel uns das Haus oder die Wohnung an sich nicht, weil alles vollkommen verbaut war, den zweifelhaften Charme der frühen sechziger Jahre ausstrahlte oder gleich so marode wirkte, dass man den Bunker im Grunde genommen nur noch abreißen konnte. Und gelegentlich trafen auch all unsere Ausschlusskriterien gleichzeitig zu. Manche der sogenannten Villen waren zudem maßlos überteuert und warteten vermutlich schon seit Jahren auf einen reichen Russen, der mit der Umrechnung von Rubel in Euro nicht besonders gut vertraut war. Für die wenigen wirklich annehmbaren Angebote wurden bisweilen Preise aufgerufen, die wahrscheinlich selbst bei Bill Gates eine kurze Atemnot ausgelöst hätten – alte, hellhörige Etagenwohnungen für zwei Millionen Euro zum Beispiel. Es war zum Verzweifeln! Inzwischen hatten wir uns rund 80 oder 90 verschiedene Objekte angesehen, und es war wirklich weit und breit nichts dabei, was auch nur im Ansatz an unser Traumhaus herankam, das mir nicht mehr aus dem Kopf ging. Zumindest die Anzeige stand seltsamerweise immer noch im Netz. Meine letzte Hoffnung war eine Freundin aus Cannes.

»Lass mich mal machen«, sagte sie. »Vielleicht gibt es ja noch eine Lösung. Ich kenne einen anderen Makler, den ich deshalb fragen kann. Soll der doch mal mit den Leuten Kontakt aufnehmen.«

Plötzlich ging alles ganz schnell: Es stellte sich heraus, dass unser erster Makler ein dreister Betrüger war, der niemals Kontakt zu den Verkäufern hatte – und schon gar keinen Verkaufsauftrag. Die Eigentümer wiederum rechneten schon gar nicht mehr damit, dass sich jemand für ihr Haus interessierte. Vor Schreck, dass sich nach der langen Zeit doch noch ein Kaufinteressent gemeldet hatte, reduzierten sie sogar vor dem ersten Gespräch den Preis. Das musste man nicht verstehen, zumal ich nach der ausführlichen Besichtigung kurz darauf keinen wirklichen Haken an der Villa finden konnte. Wir würden hier zwar eine Menge umbauen müssen, um alles nach unseren Vorstellungen zu gestalten. Aber grundsätzlich war die Substanz absolut in Ordnung. Wir hatten unseren neuen Lebensmittelpunkt gefunden!

Während ich mich in Cannes um die Formalitäten kümmerte und alles mit den Verkäufern, den Ämtern sowie dem Notar klarmachte, bereitete Nicki in Düsseldorf nach und nach den Umzug vor, packte Kartons und löste langsam unser altes Leben auf. Sie arbeitete zu dieser Zeit noch ganz normal Vollzeit im Büro, sodass ich für ein paar Wochen ein französisches Strohwitwendasein führte – das ich dazu nutzen wollte, schon mal die ersten baulichen Veränderungen an unserem Heim vorzunehmen. Dabei stellte sich schnell heraus, was mir ohnehin im Voraus klar war: Das milde Klima, die herrliche Landschaft und das andere schöne Drumherum hatten ihren Preis. Nämlich den, dass frau sich hier auf nichts verlassen konnte – auf keinen Termin, keine Absprache und erst recht keine Versprechungen. Die Handwerker kamen, wann sie wollten oder gleich überhaupt nicht. Die Zusicherung »morgen« konnte hier alles Mögliche bedeuten, nur eben nicht, dass jemand am nächsten Tag vorbeikommen würde. Ich musste mir also selbst helfen, sonst wurde das nichts.

Unmittelbar nach der Kaufabwicklung zog ich in unser Haus ein, um mich auf meine Umbauarbeiten konzentrieren zu können. Weil sich unser Bett noch zusammen mit Nicki im fernen Rheinland befand, schlief ich wochenlang auf einer Luftmatratze und aß auf dem Boden oder im Stehen. Selbst der Fernseher stand direkt auf dem Estrich, und meine erste und vordringlichste Tätigkeit war, eine Satellitenschüssel zu montieren, damit ich am Abend wenigstens einen Funken Ablenkung genießen konnte. Sonst aber befand sich hier kein einziges weiteres Möbelstück, aber das war mir egal. Früh um sechs Uhr stand ich auf und machte mich ans Werk. Bei meinem ersten Besuch im örtlichen Baumarkt wurde ich von den Verkäufern noch betrachtet, als wäre gerade E.T. in der Holzabteilung gelandet. Einige Besuche später war dann ich es, der den überforderten Mitarbeitern hilfreiche Tipps für die ein oder andere heimwerkliche Tätigkeit gab. Ich war zu jener Zeit mit Sicherheit die Kundin mit dem besten Umsatz der Filiale. Auch, weil ich immer wieder großes Gerät mietete, um im Garten voranzukommen, in den ich einen eigens von mir entworfenen Pavillon für unseren neuen Whirlpool setzte, den ich bereits bestellt hatte.

Ich baggerte den kompletten Außenbereich um, schlug

tiefe Schächte, verlegte unzählige Leitungen und Rohre, installierte Wasseranschlüsse, legte den Boden, riss Wände ein und zog neue hoch. Ich stellte schaudernd fest, dass es in Frankreich nicht üblich war, Waschbecken in die Gästetoiletten einzubauen und besserte entsprechend nach, weil ich sonst keinem unserer Besucher zur Verabschiedung die Hand hätte geben wollen. Und ich ärgerte mich darüber, dass man sich selbst dann nicht auf Handwerker verlassen konnte, wenn sie im eigenen Beisein zwei Stunden lang Maß nahmen, um fünf Innentüren zu vermessen. Auch darum musste ich mich also selber kümmern – und schnitt von den bestehenden Türen die Seiten ab, die ich zersägt in kleine Teile und akkurat durchnummeriert im Koffer mit nach Düsseldorf nahm, wo ich sie unserem alten Schreiner mitbrachte. Der schickte dann vier Wochen später die gewünschten Holztüren samt Rahmen per Spedition, passend auf den Millimeter zurück. Eines Tages besuchte mich Nuccio, um sich persönlich vom Baufortschritt zu überzeugen. Als er sah, wie ich inmitten meiner privaten Großbaustelle hauste, war er aufrichtig erschüttert. Sofort rief er in seinem Restaurant an und verdonnerte seine Kellner, mir einen Tisch mit drei Stühlen vorbeizubringen. Ab diesem Moment konnte ich wenigstens wieder meine Mahlzeiten zu mir nehmen wie ein zivilisierter Mensch. Nachdem ich vorher lediglich entweder auf dem Luftbett gelegen oder am Boden gehockt hatte, stellte ich fest, welcher Luxus es sein konnte, sich einfach nur anzulehnen!

Kurz nach der Fertigstellung meines selbst konstruierten Pavillons sollte dann endlich der Jacuzzi geliefert werden – aus Deutschland, wo dasselbe Modell nicht einmal die Hälfte kostete wie hier. Ich sah mich schon zur Entspannung nach einem harten Tag im warmen Blubberwasser sitzen, als mich die französische Spedition anrief.

»Madame King, besitzen Sie zufällig einen Kran?«

Diese Frage konnte ja nicht deren Ernst sein!

»Aber natürlich«, flötete ich. »Der steht direkt zwischen meinem Helikopterlandeplatz und der Boeing 747 hinten im Garten.«

»Oh, Sie müssen aber einen großen Garten haben«, antwortete der Anrufer beeindruckt.

»Ich habe keinen Kran«, sagte ich. »Wieso sollte ich auch einen Kran haben?«

»Nun, wir haben leider keinen Lastwagen mit Ladebordwand«, erklärte der Spediteur. »Wir können den Jacuzzi deshalb nicht abladen.«

Ich verstand zwar nicht, warum ein Transportunternehmen Sperrgüter beförderte, das es nicht abladen konnte, aber mit Hilfe von zwei Freunden und den so vereinten Kräften schafften wir es zumindest, das Ding vom Lkw in die Garage zu wuchten, was jedoch leider rund 20 Meter Luftlinie und zehn Höhenmeter von seinem endgültigen Bestimmungsort entfernt war. Mein Entspannungsbad konnte ich mir also erst mal abschminken.

Derweil machte ich eine weitere unliebsame Begegnung am Flughafen in Nizza. Bei meinen sämtlichen Hin- und Rückflügen begab ich mich – wie mittlerweile gewohnt – an der Sicherheitskontrolle zu einer weiblichen Beamtin, die mich abtasten sollte. In Düsseldorf war das nie ein Problem. Hier plötzlich schon.

»Non, Monsieur. S'il vous plaît aller à mon Collègue«, sagte sie.

Ich wurde sauer.

»Monsieur? Je ne suis pas un Homme!«, sagte ich und bestand darauf, dass sie mich untersuchte.

»Encore une fois: S'il vous plaît aller à mon Collègue«, blaffte mich die Tante an, und nun wurde auch ich etwas unfreundlicher.

»Passeport!«, forderte sie, und nach einem abschätzigen Blick hinein bequemte sie sich endlich, mich zu kontrollieren.

Nicht dass es mir etwas ausgemacht hätte, von einem Mann kontrolliert zu werden – das kannte ich schließlich zur Genüge. Hier aber ging es ums Prinzip, und der Ton der Madame passte mir ebenfalls nicht. Nur: Beim nächsten Abflug war meine Lieblingsbeamtin schon wieder da, und ich kam in den Genuss desselben Vortrags. Das konnte doch nicht wahr sein – immerhin wusste ich um meinen Wiedererkennungswert, und so vergesslich war die Tante sicher nicht. Das war pure Bosheit. Beim dritten Abflug binnen weniger Wochen und dem nächsten Ärger platzte mir der Blusenkragen! Ich ließ den Vorgesetzten kommen, der nach anfänglichem Zögern ebenfalls meinen Reisepass in Augenschein nahm – und schnell feststellte, dass seine Mitarbeiterin hier eindeutig gegen jede Antidiskriminierungsregel verstieß. Mit großer Genugtuung bekam ich mit, was er ihr alles an den Kopf warf, und auch wenn ich nicht jedes Wort verstand, war klar, dass sie nun Ärger bekam.

Nun hätte ich diesen kleinen Triumph natürlich jedes Mal voll auskosten können und dafür sorgen, dass es ordentlich piepte, wenn ich durch die Schleuse stöckelte und besagte Dame Dienst hatte – aber das wäre dann doch nicht mein Stil gewesen. Also begrub ich das Kriegsbeil und blieb friedlich. Erstaunlicherweise sah ich mich solchen Unannehmlichkeiten am Düsseldorfer Flughafen nie ausgesetzt. Allerdings wurde ich dort mehr als einmal zur Gepäcknachkontrolle gebeten, weil auf dem Bildschirm ominöse Gegenstände aufgetaucht waren. Zur großen Verwunderung der Umstehenden präsentierte ich jeweils stolz meine neuesten Errungenschaften – sei es eine Waschbeckenarmatur, die in Deutschland wesentlich günstiger war, oder meinen geliebten Holländer-Käse, den ich im verschweißten Vier-Kilo-Block mit in unsere neue Heimat nahm, weil es ihn in Cannes nicht gab. Irgendwann aber waren die vorerst letzten Steckdosen installiert, alle Lampen aufgehängt, die Fliesen verlegt und die Türen zugeschnitten, und mein Dasein als Handwerkerin im Dauereinsatz näherte sich nach fast vier Monaten dem Ende. Am 18. März kam endlich meine Nicki in Cannes an und einen Tag später auch unsere Möbel. Mit drei tapferen Packern sowie meiner tatkräftigen Mithilfe schafften wir es sogar, den Jacuzzi an seinen vorgesehenen Platz zu wuchten. Ich musste ihn zwar noch aufwendig einbauen, aber angesichts der Plackerei, die hinter mir lag, war das beinahe ein Klacks. Das Gröbste war geschafft. Das nächste große Abenteuer konnte beginnen. Cannes hatte uns jetzt an der Backe!

Die erste Zeit in der neuen Heimat war aufregend! Wir kannten uns hier zwar bereits überall gut aus, aber es war doch etwas anderes, wenn man dauerhaft hier lebte, als wenn man nur Urlaub machte. Dank Nuccio, Lina und den anderen Freunden von früher fiel uns die Eingewöhnung als Residenten aber relativ leicht, auch wenn wir schnell feststellten, dass unsere Französischkenntnisse noch ausbaufähig waren. Wir konnten uns zwar mit jedem verständigen. Aber bis wir wiederum alles verstanden, was uns mancher Einheimische in seinem ligurischen Dialekt mitzuteilen versuchte, das sollte noch dauern!

Wenn wir von unserem Refugium hinunter in die Stadt fuhren, war es von Anfang an genau so, wie ich es mir gewünscht hatte: Mein pinkfarbener Smart fiel deutlich mehr auf als ich! So sollte es sein.

Wir konnten über die berühmte Croisette oder durch Le Suquet, das historische Zentrum mit seinen unzähligen Restaurants und Bars, bummeln, ohne dass wir komisch angegafft wurden. Das lag auch daran, dass ich – bei aller Bescheidenheit – immer noch deutlich natürlicher aussah als die allermeisten der runderneuerten, aufgepumpten und mimikfreien Milliardärs- oder zumindest Multimillionärsgespielinnen, die sich hier vor allem im Sommer zu hunderten herumtrieben und kaum die Tüten tragen konnten, die sie jeden Tag aus den zahllosen Edelboutiquen schleppten. Bei diesem Spiel machten wir nicht mit. Wir suchten uns zum Shoppen lieber einige Geheimtipps abseits der goldenen Meile. Mein Kleiderschrank ist seit unserem Umzug jedenfalls nicht leerer geworden.

Ab und zu zog es uns aber doch an die Promenade, um auf einen Kaffee oder einen Snack einzukehren und zu beobachten, welch bizarres Schauspiel sich dort immer mal wieder zutrug. Zum Beispiel, wenn der ein oder andere Ölprinz seine Edelkarossen gleich im halben Dutzend vom Autotransporter vor dem Hotel abstellen ließ, wo sie dann auch die folgenden zwei oder drei Wochen herumstanden, ohne auch nur einen Meter bewegt zu werden. Oder wir betrieben Promi-Watching, wenn sich zu den Filmfestspielen im Mai die weltweite Schauspiel-Elite hier einfand.

Und so kam es, dass wir uns nach einiger Zeit mit dem Besitzer des »Croisette 72« anfreundeten. Als ich mich an einem lauschigen Abend gerade mit dem Sohn des Inhabers an der Theke unterhielt, hörte ich, wie es ungefähr einen halben Meter unter mir etwas unruhig wurde.

»J-J-Je v-v-voudrais i-i-inviter …«, lallte von dort ein französischer Pumuckl zu mir hinauf, der sich schon ein paar Minuten zuvor dichter als nötig an mir vorbei in Richtung Toilette geschoben hatte. Ich lehnte die Einladung dankend ab und gab meinem aufdringlichen Verehrer zu verstehen, dass ich meine Getränke in der Regel selbst zu kaufen pflegte. Der geile Gnom gab jedoch nicht auf.

»I-I-Ils s-s-sont t-t-très sch-sch-jolies«, krächzte er und versuchte, an mir herumzufummeln.

»Nicht böse sein«, sagte ich nachsichtig. »Sie sind mir leider deutlich zu klein. Und außerdem stehe ich nicht auf Männer.«

Erst dann und nach einigen weiteren diesbezüglichen Beteuerungen meinerseits gab der Pygmäe auf. Ich musste grinsen, nachdem er abgezogen war – zeigten mir doch solche nebensächlichen Begebenheiten immer wieder, dass mich die Umwelt nicht etwa als sonderlichen Exoten wahrnahm, sondern tatsächlich nur als Alicia. Das Einzige, was uns jetzt noch zu unserem vollkommenen Glück fehlte, war ein weiteres Familienmitglied. Kinder allerdings waren weder für Nicki noch für mich ein Thema – nicht nur, aber sicherlich auch wegen der gegebenen Umstände.

»Was hältst du davon, wenn wir uns einen Hund anschaffen?«, fragte ich sie irgendwann, nachdem ich in unseren großen, aber weitgehend leeren Garten blickte und mir überlegte, wie schön es wohl wäre, wenn dort ein kleines Geschöpf herumtollte.

»Ich weiß nicht recht«, antwortete Nicki. »Hast du vergessen, dass ich Angst vor Hunden habe? Was für einen würdest du denn kaufen wollen?«

»Die Rasse ist mir egal«, sagte ich. »Solange es ein Bullterrier ist!«

Meine Vorliebe für diese unglaublich verspielten, überaus familientauglichen und vollkommen friedfertigen Tiere, deren verzerrtes Image zu meinem steten Ärger überhaupt nicht mit dem tatsächlichen Wesen übereinstimmte, war seit Alex' Zeiten nicht kleiner geworden. Alle meine Hunde wie Baffy, Olly und die anderen waren bereits an Altersschwäche gestorben, bevor Nicki in mein Leben trat, was mir jedes Mal das Herz zerriss. Ich vermisste es sehr, mindestens einen Bully um mich herum zu haben. Und nun hatten wir den Platz und die Zeit, uns wenigstens um ein Exemplar zu kümmern. Ich versprach Nicki, dass sie keine Angst zu haben brauchte und die Entscheidung nicht bereuen würde. Danach machte ich mich im Internet auf die Suche. Nach einiger Zeit entdeckte ich ein Bild auf der Website eines englischen Züchters und war sofort hin und weg!

»Guck dir die mal an«, rief ich aufgeregt, als ich die drei Monate junge und schneeweiße Hündin mit treuen Augen und verträumtem Blick auf dem Monitor sah. »Was für ein schönes Tier!«

»Ja, die ist wirklich sehr süß«, sagte Nicki – und die Entscheidung für Diva war in diesem Augenblick gefallen.

Nachdem wir alle Formalitäten schnell per Internet und Telefon klären konnten, ließ der Züchter sie von England aus nach Calais bringen, von wo aus wir sie im Mai abholten. An diesem Tag zog ein grausiges Unwetter über das ganze Land, der Wind wütete, es goss wie aus Eimern, und wir fuhren ohne auch nur einen Meter weit sehen zu können mit maximal 90 km/h rund 750 Kilometer durch Frankreich hin und dieselbe Strecke sogar noch vorsichtiger zurück. Seit diesem verregneten Tag gehörte Diva zu uns Kings, da wir ohne sie nicht mehr vollständig wären. Nicki war von Anfang an ihre Bezugsperson und Mama. Ihr Unbehagen vor Hunden war dagegen ein für alle Mal verschwunden.

Diva konnte sich bereits kurz nach ihrer Integration in die Familie King richtig nützlich machen: Schon ein paar Wochen nach unserem Einzug beobachteten wir immer wieder zwielichtige Gestalten, die um unser Haus herumschlichen. Es war hier leider an der Tagesordnung, dass neue Bewohner auch erst mal von der örtlichen Unterwelt in Augenschein genommen wurden. Noch war unser Grundstück nur notdürftig mit einem niedrigen Zaun und ein bisschen Stacheldraht abgesichert, und daher ließ ich Nicki und den Hund ungern alleine. Ab und an musste ich aber in den Baumarkt, um mein Projekt »Traumhaus« vollenden zu können. Zum Beispiel arbeitete ich an einem versenkbaren Fernseher fürs Schlafzimmer oder der Umgestaltung der einstigen Garage zu zwei schicken Ferienwohnungen, die wir im Sommer vermieten wollten. Und dafür brauchte ich nun mal jede Menge Material.

An einem dieser Vormittage, an denen ich mich gerne mal mit dem inkompetenten Personal des Marktes herumärgerte, geschah es: Es kletterte tatsächlich ein dreister Gauner direkt in unseren Garten! Er dachte wohl, es sei niemand zu Hause, aber das war ein Trugschluss. Nicki war zwar im Haus, bemerkte jedoch den Eindringling. Sie schlich sich vorsichtig an ihn heran und wollte gerade ihr Handy zücken, um ihn zu fotografieren, als Diva, wie von der Tarantel gestochen, auf den Unbekannten zurannte und bellte, als ob es kein Morgen gäbe. Diese kleine, liebenswerte Hündin verbarg eine regelrechte Alarmanlage in sich. Sie jagte den Kerl in die Flucht – und wie: Beim Sprung zurück verhedderte sich der Übeltäter im Stacheldraht, der sich prompt in seinem Hintern verfing. Sein Komplize, der eigentlich vor unserem Grundstück auf einem Mofa wartete, suchte derweil panisch das Weite.

Und so leben wir hier in Cannes unseren Traum: als kleine, innige und ganz besondere Familie, bestehend aus zwei außergewöhnlichen Frauen und einer ebenso außergewöhnlichen Hündin. Meistens sind wir gemeinsam in unserem neuen Zuhause oder genießen ruhige Sonnentage, die wir vor den Inseln auf unserer »Rio« verbringen, was hier dann doch zugegebenermaßen etwas ganz anderes ist als das Wendebecken bei Krefeld. Auch wenn sich das für Außenstehende seltsam anhören mag – unser Zusammenleben ist vielleicht sogar einfacher geworden, seit ich nicht mehr Alex, sondern Alicia bin. Mit der Ausnahme, dass ich heutzutage ein paar Minütchen mehr Zeit benötige, um mich ausgehfertig zu machen, was Nicki oft genug nervt. Dafür geraten wir andererseits immer wieder in teils lustige, teils absurde Situationen, in denen wir beide uns gegenseitig aufziehen und durchaus schon mal feststellen, worin unsere weiblichen Gemeinsamkeiten liegen.

Und es gibt auch sehr pragmatische Vorteile: Abgesehen von den Schuhen, die bei mir satte sechseinhalb Nummern größer ausfallen müssen als bei Nicki, entstehen hin und wieder tatsächliche Synergieeffekte. Wir unterstützen uns gegenseitig beim Anziehen, geben uns Schminktipps und können uns unsere Accessoires teilen. Wer kann das in einer Beziehung schon von sich behaupten? Gut, ich muss zugeben, dass ich in mancherlei Hinsicht noch einen gewissen Nachholbedarf habe – und mir gelegentlich mehr Klamotten leiste, als ich eigentlich bräuchte. Aber das wird sich eines Tages sicherlich wieder regulieren. Und wenn nicht? Ist's auch egal. Ich bin eine Frau. Ich darf das!

Zugegeben: Alicia ist eitler und womöglich auch kapriziöser, als Alexander es jemals war. Aber dafür bin ich viel ausgeglichener als früher, weil ich mich jetzt komplett fühle! Mir fehlen nur ein paar eher unwesentliche Dinge von einst – das Tauchen oder das Motorradfahren zum Beispiel, was sich beides mit meinen aufwendigen Extensions als deutlich unkomfortabler herausstellen würde, als es das mit Alexanders glattrasiertem Schädel war. Ich will nicht ausschließen, mich noch ein, zwei Mal unters Messer zu legen, wenn ich glaube, dass mein Gesicht oder mein Körper eine kleine Nachbesserung nötig haben. Und ich habe hin und wieder die Schattenseiten des Frauendaseins kennengelernt: Ich wurde auf primitive Weise angebaggert, plage mich gelegentlich mit meiner Figur herum und verfluche jedes einzelne Stück Kopfsteinpflaster, wenn ich mit hohen Absätzen unterwegs bin. Darüber hinaus aber hatte ich mich für mein neues Leben als Alicia in den vielen Jahren als Alex gut präpariert und mir von meinen jeweiligen Freundinnen eine Menge Know-how abgeschaut!

Nicki sagt immer, dass sie mir gegenüber heute stärkere Gefühle besitzt, als sie damals für ihren weißen Ritter empfand, als den ich mich sah. Womöglich liegt das daran, dass ich meine weiche Seite mittlerweile viel stärker betonen kann, ohne mir dabei etwas abzubrechen. Vorhanden war dieser Charakterzug an mir jedoch schon immer. Er ist jetzt nur zur Selbstverständlichkeit geworden. Ich bin ihr unendlich dankbar, dass sie mir diese riesige Chance gegeben und mir den Rücken freigehalten hat. Und dass sie bei mir geblieben ist, obwohl ich ihr viel abverlangt habe. Ich weiß, dass das alles andere als zu erwarten war und die meisten Frauen schreiend davongelaufen wären nach jener denkwürdigen Nacht, in der ich ihr mein anderes Ich offenbarte. Aber ich hatte mich nicht in ihr getäuscht. Darauf bin ich ebenfalls ein wenig stolz.

Eigentlich sind wir beide total konservativ. Wir haben feste Werte, an denen wir uns immer wieder aufs Neue orientieren: Treue, Verlässlichkeit, Aufrichtigkeit zum Beispiel. Die zehn Gebote sind eigentlich ein guter Gradmesser, wie jeder das Zusammenleben mit seinen Mitmenschen handhaben sollte. Unserer Meinung nach darf jedermann so leben, wie er möchte, um glücklich zu sein. Im Gegenzug wäre es schön, wenn andere uns das ebenfalls zubilligen würden und nicht mit dem Finger auf uns zeigen. Aber meistens klappt das auch. Und wenn nicht, dann sorgt der letzte Funken Alex in Alicia dafür, dass Ruhe herrscht.

Warum ich so bin, wie ich nun mal bin, interessiert mich eigentlich gar nicht! Mag sein, dass sich kluge Psychologen und ehrgeizige Verhaltensforscher an mir und anderen Menschen mit einer ähnlichen Geschichte abarbeiten. Aber ob es nun irgendeinen Auslöser in meiner Kindheit gegeben haben mag, die Natur in meinem Oberstübchen ein paar Nervenbahnen falsch angeschlossen hat oder ich in einem früheren Leben schon mal als Frau auf der Welt herumspaziert bin und das Löschen meiner Seele nicht ganz geklappt hat, ist mir vollkommen schnuppe. Es ist, wie es ist – und das ist gut so! Wenn ich einmal nicht mehr da sein sollte – und das muss man wegen unseres Altersunterschiedes ja zumindest einkalkulieren –, dann soll Nicki meine Asche nehmen und auf dem Meer verstreuen. Danach darf sie gerne wieder glücklich werden, das würde ich ihr niemals verbauen. Bis es so weit ist, haben wir Kings aber hoffentlich noch ein paar Jahrzehnte Zeit!

Ab und zu erreicht mich ein Brief, der an Alexander adressiert ist. Das macht mir ebenso wenig aus wie die Tatsache, dass manch einer meiner alten Freunde immer noch »er« oder »Alex« sagt, wenn er mich meint. Ich nehme das niemandem krumm. Stattdessen denke ich daran zurück, wie alles begann – und wie es wohl gekommen wäre, wenn ich Nicki niemals kennengelernt hätte. Mit ihr als Ehefrau an meiner Seite und nach all dem, was ich in den vergangenen Jahren und Jahrzehnten erlebt habe, kann ich heute sagen: Ich war trotz aller Entbehrungen und der ganzen Heimlichtuerei sehr gerne ein Mann. Aber ich bin noch viel lieber eine Frau! Manchmal erlaube ich mir auch, die Vorzüge beider Geschlechter zu vereinigen. Ich will nicht zu viel verraten, denn meine intimen Details sind und bleiben privat. Nur so viel: Unser Sexualleben hat nicht unter der Tatsache gelitten, dass Alicia Alex ersetzt hat, eher im Gegenteil. Und ganz, ganz selten, wenn ich dringend aufs Klo muss und keinen Bock habe, mich erst mal aus dem Fummel zu quälen, dann stehe ich in der Kabine auf der Frauentoilette, ziehe meinen Slip zur Seite. Und pinkle im Stehen.

Die Freiheit nehme ich mir …